UNIVERSITÉ DE FRANCE.

ACADÉMIE DE STRASBOURG.

THÈSE

POUR OBTENIR LE GRADE DE LICENCIÉ EN DROIT,

SOUTENUE PUBLIQUEMENT

A LA FACULTÉ DE DROIT DE STRASBOURG,

Le 23 août 1839, à trois heures et demie,

PAR

ALEXANDRE-SIMON FLEURY;

BACHELIER ÈS LETTRES ET EN DROIT,

DE NANCY, DÉPARTEMENT DE LA MEURTHE.

STRASBOURG,

IMPRIMERIE DE G. SILBERMANN, PLACE SAINT-THOMAS, 3.

1839.

FACULTÉ DE DROIT DE STRASBOURG.

M. RAUTER, Doyen de la Faculté.

Examinateurs.
{
MM. Kern, Doyen honoraire, Président, \
Blœchel, \
Rauter, \
Eschbach, faisant les fonctions de Professeur suppl.
}
Professeurs.

La Faculté n'entend approuver ni désapprouver les opinions particulières au candidat.

DROIT FRANÇAIS.

DE LA COMMUNAUTÉ CONVENTIONNELLE, ET DES CONVENTIONS QUI PEUVENT MODIFIER OU MÊME EXCLURE LA COMMUNAUTÉ LÉGALE[1].

(Art. 1497 — 1514.)

CHAPITRE PREMIER.

GÉNÉRALITÉS.

De même qu'il a dû arriver que l'homme et la femme s'unirent par mariage avant qu'aucune loi positive réglât les conditions, les formes, les effets de leur union personnelle, de même il a dû arriver

[1] Ce titre de la loi, qui est aussi celui du sujet de Droit français que le sort m'a départi, me semble n'être pas à l'abri du reproche d'incorrection ; il renferme un pléonasme. Dire que l'on va tracer les règles relatives à *la communauté conventionnelle*, c'est exprimer suffisamment que l'on va s'occuper des conventions qui peuvent modifier la communauté légale. Car qu'est-ce que la communauté conventionnelle, sinon la communauté légale modifiée ? L'art. 1497 le dit expressément. Ces mots: *de la communauté conventionnelle*, sont donc de trop dans le titre ; ou, si on les y laisse, il faut en retrancher le mot *modifier*, qui se trouve dans le second membre de la phrase ; membre de phrase qu'il faudrait rayer en entier, s'il n'avait rapport aussi aux conventions d'exclusion de communauté.

1.

4

qu'ils firent des accords sur leurs intérêts matériels avant qu'aucune loi positive leur eût tracé des règles pour cela. Le fait et l'observation du fait ont toujours précédé la règle, le précepte. Cette vérité se montre dans l'histoire des institutions politiques et civiles des peuples, comme elle se montre dans l'histoire des arts et des sciences chez eux.

Comprend-on, au surplus, la nécessité de lois positives réglant les intérêts matériels de l'union conjugale, chez un peuple où toute la richesse de l'homme ne consiste presque encore que dans les choses qui doivent satisfaire ses besoins de chaque jour, où toute la richesse de la femme est sa parfaite soumission à son mari, l'accomplissement rigoureux de ses devoirs de famille, où les mots *propriété, commerce, industrie* sont à peine connus? Mais dès qu'un peuple arrive à cette période de sa vie, où le lien de la propriété l'a déjà fixé au sol, où les ressources que procurent l'agriculture, le commerce, l'industrie, commencent à lui faire connaître la richesse, cet état de choses primitif doit nécessairement cesser. A côté du droit de propriété, a dû s'élever parallèlement le droit de succession; l'homme, riche de son patrimoine, peut le devenir aussi du patrimoine de ses ancêtres, et peu d'unions doivent dès lors se former, sans que ceux qui s'unissent, ou possèdent déjà, ou aient l'espoir d'acquérir et de posséder un jour. De là, nécessité pour les époux de s'occuper, en se mariant, de ce qui leur appartient ou de ce qu'ils acquerront, pour en régler l'administration, la possession, la dévolution; de là aussi, les conventions de mariage réglées par l'usage, par la coutume; de là, enfin, l'usage passant à l'état de lois écrites.

La communauté de biens entre époux semble être la conséquence naturelle de l'union conjugale. Une communauté d'existence et de travail, comme celle résultant du mariage, doit avoir pour sœur celle de biens. L'union conjugale a quelque chose de si intime, que l'esprit, dégagé de l'influence de toute idée politique, de tout préjugé né de la connaissance d'une législation positive fondée sur d'autres principes, ne comprend pas de règlement différent des intérêts des époux.

Mais on comprend combien la constitution politique de chaque peuple, ses mœurs, l'importance plus ou moins grande qu'elles donnent à la femme dans la société générale et dans la société conjugale, doivent exercer d'influence sur les accords mêmes relatifs à ces intérêts.

Ainsi, ici c'est le Gaulois mettant en communauté avec la dot que sa femme lui apporte une somme ou des valeurs égales au montant de cette dot[1].

Ici c'est le Romain faisant, dans les premiers temps de la république, passer sa femme, par la formule d'un achat, de l'autorité et de la famille paternelles, sous sa propre autorité et dans sa propre famille, à l'égal de ses enfants, et cessant de posséder en propre aucuns biens; puis, à une autre époque, recevant d'elle une dot, que des lois, rendues chaque jour plus sévères, finissent par frapper d'une inaliénabilité absolue, du moins quant aux immeubles, dont il ne doit toucher que les revenus, et que sa femme reprendra comme elle l'a apportée[2].

Là, enfin, c'est le Germain qui, si l'on en croit un grand historien contemporain, ne reçoit pas de dot de sa femme, mais la dote lui-même, et semble l'acheter[3].

Doit-on s'étonner que les législateurs de la France du dix-neuvième siècle n'aient rien eu à créer sur la matière du règlement des intérêts des époux, quand ce pays compte une existence déjà si longue, existence sans doute bouleversée par les invasions des peuples du Nord, tourmentée par les secousses politiques, mais enfin une existence comme peuple attaché au sol, comme peuple agriculteur, commerçant

---

[1] *Viri, quantas pecunias ab uxoribus, dotis nomine, accipiebant, tantas ex suis bonis, æstimatione factâ, cum dotibus communicant.* (Cæsar, *de bello gallico*, lib. IV.)

[2] Caïus, comm. 1, § 109 et suiv.; comm. 3, § 3, 14 et 24. L. 2, 3 et 7, *D. de jure dot.* Const. 3, *C. de rei ux. act.* Inst. L. 2, t. 8, pr. L. 1 et 4, *D. de fund. dot.* et l. 23, C. h. t.

[3] *Dotem non uxor marito, sed uxori maritus offert.* (Tacite, *de moribus Germanorum*, cap. XVIII).

Voir aussi Michelet, *Origines du Droit*, p. 46.

et industriel? Doit-on s'étonner que ces législateurs n'aient plus eu d'autre tâche en cette matière, que de choisir, dans des systèmes tout faits, des lois prêtes à entrer, avec quelques légères modifications, dans l'œuvre d'unité législative qu'ils avaient commencée, et qu'ils ont menée à fin avec tant de bonheur et de gloire?

Le régime dotal, introduit et fixé en France par la conquête romaine, et le régime de la communauté, résultat soit des mœurs primitives des Gaulois, soit du mélange des races germaniques avec les vaincus, soit enfin de la féodalité[1], ces deux régimes étaient en présence, quand les législateurs du Code civil ont mis la main à l'œuvre.

Devaient-ils, dans l'accomplissement de leurs vues d'uniformité législative pour la France, sacrifier l'un des deux systèmes à l'autre? Devaient-ils les conserver tous les deux? Tel est le problème qu'ils avaient à résoudre; problème politique, social, d'une haute portée, et dont on ne peut bien comprendre la difficulté, qu'en entendant les graves reproches que les partisans de l'un des systèmes, celui du régime dotal, adressaient au régime de la communauté, l'espèce d'anathème que, du haut de la tribune, ils lançaient, par un de leurs organes, contre ce régime[2].

Pour résoudre le problème, le législateur du Code civil a fait de la conciliation: il n'a voulu exclusivement ni du régime dotal, ni du régime de la communauté. Craignant de heurter trop violemment des habitudes depuis longtemps formées, tenant compte des mœurs de tous les hommes auxquels il avait des lois à donner, partant de l'idée

---

[1] C'est un point sur lequel on n'est pas bien d'accord et que je n'ai pas à traiter ici.

L'opinion émise à cet égard par M. Laferrière, dans son *Histoire du Droit français*, t. I, p. 169, a été critiquée par M. Klimrath, auteur de plusieurs articles sur l'histoire du Droit, insérés dans la *Revue de législation*.

Voir aussi ce qu'a écrit à cet égard M. Toullier, t. XII, n° 72 et suiv.

[2] Voir le discours prononcé au tribunat par le tribun Carion-Nisas, sur la loi relative au contrat de mariage, dans la séance du 19 pluviôse an XII.

que le contrat de mariage est un contrat comme un autre, où la volonté de l'homme doit être respectée dans tout ce qu'elle n'a rien d'a-
larmant pour la morale, ou de contraire aux lois d'ordre public; partant surtout de l'idée que le régime de la communauté est celui qui
est le plus approprié à la nature de l'union conjugale[1], il a dit aux
uns : si le régime dotal vous est cher, je vous le laisse; il a dit aux
autres : si vous préférez le régime de la communauté, vous serez
libres de l'adopter; il a dit à tous : vous pourrez modifier, plus ou
moins, l'un et l'autre régime, les mêler même, suivant que vos intérêts vous le dicteront; seulement, si vous ne fixez votre choix sur tel
ou tel régime, et si vous n'en manifestez l'intention par écrit avant le
mariage, je vous donne pour droit commun le régime de la communauté.

En agissant ainsi, le législateur du Code a-t-il pris le meilleur parti?
L'expérience semble avoir, jusqu'à un certain point du moins, prouvé
l'affirmative. Le titre du contrat de mariage n'a été jusqu'à ce jour, dans
son ensemble, l'objet d'aucun reproche grave, de reproches comme
il en a été si souvent adressé, à tort ou à raison, au régime hypothécaire; et peut-être est-il permis de douter, en présence de l'état des
fortunes en France, dans les provinces où le régime de la communauté
(modifiée ou non) a continué à être le régime de prédilection, peut-
être est-il permis de douter de l'accomplissement des appréhensions
de M. Carion-Nisas, et de dire qu'il était mauvais prophète quand,
parlant du régime dotal, comme seul moyen de conserver les fortunes
en France, il assurait « que si l'on n'acceptait le moyen qu'il offrait, *à*
« *la troisième génération personne en France n'aurait dix mille livres*
« *de rentes de patrimoine.* »

Et si les demandes en séparation de biens (sans doute trop nom-

---

[1] Opinion de Cambacérès dans la discussion du Code civil au conseil d'État
(procès-verbal de la séance du 13 vendémiaire an XII). Opinions de Duveyrier,
d'Albisson, de Siméon (discours au corps législatif et au tribunat).

8

breuses), qui chaque jour sont portées devant les tribunaux, prouvent que le régime de la communauté n'est pas exempt des imperfections qui s'attachent à toutes les institutions humaines, et semblent justifier, jusqu'à un certain point, ce vieil adage que nous rapporte Loisel[1] : *« de biens communs on ne fait pas monceau, »* au moins est-il permis de croire que les avantages immenses qu'en ont retiré, surtout depuis trente ans, l'agriculture, le commerce, l'industrie, par les capitaux que l'adoption de ce régime a mis à la disposition de ceux qui se sont mariés sous son empire, que ces avantages, disais-je, compensent bien largement les malheurs que l'inconduite, la dissipation, l'étourderie de quelques maris ont fait peser sur certaines familles.

D'après ce que j'ai dit plus haut, la communauté conventionnelle semble être le milieu entre les deux systèmes opposés, la nuance qui ménage la transition entre ces deux points si différents du tableau.

Mais, après avoir posé le principe que les époux pourraient modifier l'un ou l'autre régime, corriger ce que chacun d'eux peut avoir de trop absolu, le législateur devait-il descendre dans les détails de ces modifications possibles? Devait-il, en quelque sorte, présenter à ceux qui veulent s'unir des formules de contrat de mariage? Il est permis d'en douter jusqu'à un certain point, et le législateur le pensait lui-même, quand il se croyait obligé de justifier, par l'intention de prévoyante sollicitude qui l'avait animé, l'espèce d'inutilité des dispositions qu'il faisait sur ce point[2].

Il avait trouvé, dans les monuments de la jurisprudence ancienne, dans les ouvrages des auteurs qui avaient écrit sur le Droit coutumier, et surtout dans ceux du jurisconsulte d'Orléans, qui ont été ses guides pour tant de matières, un ensemble de règles relatives aux conventions qui se font le plus ordinairement entre époux par contrat de

---

[1] Institutes coutumières, liv. III, titre 3, art. 3.

[2] Opinion du conseiller d'État Berlier : *Exposé des motifs sur le contrat de mariage.*

mariage : il a emprunté à ces monuments de jurisprudence et à ces ouvrages ce qu'il a cru le plus en harmonie avec le système général de législation civile qu'il organisait, avec la raison et avec l'équité, et en a formé une série de présomptions, de règles d'interprétation, desquelles on dût induire telles ou telles conséquences, quand les parties contractantes auraient stipulé d'une manière laconique ou peu claire.

Mais les présomptions que l'on retrouve à chaque pas tracées dans cette partie de la loi, ne sont pas des présomptions de la nature de celles qui n'admettent aucune preuve contraire, présomptions qui, dans le langage des jurisconsultes romains, s'appelaient *juris* et *de jure,* et comme les art. 911, 1350 et 1363 nous en offrent des exemples; mais ce sont de simples présomptions, connues dans le langage du Droit sous le nom de présomptions *juris tantum,* et qui ne conservent leur effet, qu'autant qu'elles ne sont pas détruites par des preuves contraires.

Pour interpréter et appliquer sainement ces dispositions législatives, il faut donc ne pas perdre de vue ce principe, écrit dans l'art. 1387 du Code civil, et répété dans l'art. 1527, que la volonté des parties contractantes est la loi suprême des conventions matrimoniales; qu'il faut s'attacher à la saisir soit dans les détails, soit dans l'ensemble des actes qui la contiennent; et dût la présomption que la loi a attachée à telle ou telle stipulation se trouver démentie, il ne faudrait pas moins suivre la volonté des contractants. En un mot, la règle d'interprétation des conventions, tracée par l'art. 1156, conserve ici tout son empire.

N'oublions pas, d'ailleurs, que le système de la communauté légale lui-même est un ensemble de dispositions qui ne produisent d'effets que parce que la loi présume que les époux mariés sous leur empire ont, par leur silence, ou par leur négligence à faire un contrat, donné leur adhésion à ces dispositions, et en ont fait, librement et en pleine connaissance de cause, la base du règlement de leurs intérêts pécuniaires. C'est en ce sens seulement que sont vraies ces paroles de Portalis : « La loi positive ne peut commander un droit commun : il n'en « existe pas d'autre que celui qu'établit l'équité naturelle[1]. »

Le contrat de mariage a toujours joui d'une grande faveur ; aussi voit-on dans les coutumes des dispositions qui permettaient de faire entrer dans les contrats de mariage des stipulations qui eussent été prohibées dans tout autre contrat.

Les législateurs du Code civil ont aussi entouré ce contrat d'une faveur toute particulière. Une foule de dispositions de ce Code en témoignent et prouvent que ses rédacteurs ont reculé, autant que cela était possible, la limite à laquelle les époux devaient s'arrêter dans leurs conventions.

Mais, si la loi a dû laisser une grande latitude à la volonté de l'homme dans le règlement de ses conventions matrimoniales, et déroger souvent au droit commun, en faisant jouir ces conventions d'un privilége exorbitant, ce respect des volontés privées des époux, cette faveur accordée aux conventions de mariage ne pouvaient aller jusqu'à autoriser et sanctionner celles qui porteraient atteinte à la morale, ou tendraient à la violation des lois de police et d'ordre public. S'il est sage et d'une bonne politique de dégager d'entraves les mariages et les conventions qui les amènent souvent, il l'est aussi de ne permettre à personne de se mettre en opposition avec les lois d'intérêt général.

Il ne faut pas s'étonner, d'après cela, que le législateur du Code civil ait reproduit avec développement, au titre du contrat de mariage, les prohibitions générales qui avaient déjà fait l'objet des articles 1131 et 1133, placés au titre des obligations.

Il a dû d'autant mieux le faire, que le Droit coutumier et le Droit écrit, qui régissaient la France antérieurement, contenaient des principes qui n'étaient pas toujours compatibles avec l'idée de soumission absolue aux lois d'ordre public. Ainsi, comment le législateur du Code civil aurait-il pu, sans contrarier le principe de la puissance maritale,

---

[1] Procès-verbaux de la discussion du Code civil au conseil d'État, p. 31.

qu'il avait proclamé dans les art. 213 et 214, admettre le principe du Droit écrit, qui laissait à la femme, pendant le mariage, la libre disposition de ses biens paraphernaux? Comment aurait-il pu, sans renverser le principe de l'égalité des partages, si conforme à notre constitution politique, et cet autre principe écrit dans l'art. 791, qui prohibe la renonciation à une succession future, admettre la stipulation, autorisée dans les provinces régies par le Droit coutumier, par laquelle *un enfant se contentait de la dot qui lui était donnée par ses père et mère, et renonçait en conséquence à des successions futures en faveur des autres enfants ou de quelques-uns d'eux, par exemple, en faveur de l'aîné ou en faveur des mâles ?*

Comment enfin aurait-il pu autoriser la convention par laquelle l'un des conjoints instituait irrévocablement pour son héritier, soit l'autre conjoint, soit les enfants ou l'aîné des enfants qui naîtraient du futur mariage ?

Ce sont les art. 1387, 1388, 1389 et 1390 du Code civil qui ont prohibé l'introduction dans les contrats de mariage, des stipulations contraires aux mœurs ou aux lois d'ordre public ou d'intérêt général.

Il ne pouvait entrer dans les vues du législateur de prévoir tous les cas; mais à l'aide des règles qu'il a tracées, les magistrats, lorsqu'ils auront des contrats à interpréter, sauront toujours facilement reconnaître les stipulations qui tombent sous l'application de ces dispositions; et les appréciations qu'ils en feront seront souveraines, car leurs décisions en pareille matière sont à l'abri de la cassation.

Par application des articles que je viens de citer et de l'art. 1497, les époux ne pourraient valablement stipuler dans leur contrat de mariage, par exemple :

Que la femme aura la liberté de résider où bon lui semblera sans son mari, ou qu'en cas d'incompatibilité d'humeur la femme sera autorisée à vivre séparée de son mari, ou le mari à vivre séparé de sa femme (212, 213, 215, 307); que la femme pourrait procéder en justice, figurer et s'engager dans des actes, disposer de ses immeubles par actes entre-vifs sans avoir besoin de l'autorisation de son mari; ni que la procuration générale que le mari donnerait à sa femme devrait avoir des effets plus étendus que ceux que déterminent les art. 223, 1538, 1576; que la mère exercera pendant le mariage l'autorité que la loi a dévolue au père sur ses enfants et jouira des prérogatives attachées à cette autorité (373 et suiv.); et la convention insérée dans un contrat de mariage de personnes de religion différente, convention généralement observée dans la Grande-Bretagne et dans quelques autres États de l'Europe, que les filles seront élevées dans la religion de leur mère, et les fils dans celle de leur père, ne serait pas civilement obligatoire dans notre Droit: c'est seulement un engagement d'honneur (Duranton, *Cours de Droit français*, t. XVI, n° 24).

Serait nulle aussi la convention par laquelle les époux dérogeraient aux dispositions de la loi qui règlent la tutelle légitime du père et de la mère, et à celles qui confèrent au dernier mourant le droit de choisir un tuteur aux enfants, et de les émanciper.

Il en serait de même de la clause par laquelle les époux auraient stipulé que l'un d'eux seulement recueillerait, à l'exclusion de l'autre, la réserve que la loi accorde au père et à la mère sur les biens de leurs enfants, ou celle par laquelle il serait stipulé que l'aîné des enfants à naître, ou que les mâles auraient une portion plus considérable que les autres dans la succession de leur père ou de leur mère.

Il a été jugé que la clause par laquelle les futurs époux, prévoyant le cas de séparation de corps, s'obligeaient néanmoins à laisser leurs biens en commun après que la séparation a été prononcée, est une clause contraire aux dispositions de la loi qui règle les effets de la séparation de corps, et dont les époux ne devaient pas s'occuper[1].

La femme ne pourrait, par contrat de mariage, s'interdire l'exercice de la faculté que lui accorde l'art. 1453, de renoncer à la communauté après sa dissolution.

---

[1] Arrêt de la cour de Bruxelles, du 18 mars 1810; Sirey, 1810, 2, 362.

13

Les époux ne pourraient stipuler qu'il ne sera pris aucune inscription pour assurer l'effet de l'hypothèque légale de la femme (214).

Ils ne pourraient stipuler non plus que leur communauté sera régie par les dispositions de telle ou telle coutume. Ils pourraient seulement, copiant tels ou tels articles de cette coutume dans le contrat, en faire une des conventions spéciales de ce contrat. Mais ils ne pourraient se référer à ces articles (1390).

Enfin, ils ne pourraient convenir que la communauté commencera à une autre époque que celle de la célébration du mariage devant l'officier de l'état civil [1] (1399).

Il faudrait donc rejeter aujourd'hui la règle posée par Pothier, que l'on pourrait convenir que la communauté ne commencera entre les conjoints qu'après un certain temps de mariage. Mais les époux pourraient ne stipuler la communauté que sous condition, sous la condition, par exemple, qu'il naîtra des enfants du mariage. « On a, « dit Pothier, élevé la question, si cette condition était accomplie par « la naissance d'un seul enfant, et quoiqu'il fût depuis mort durant le « mariage. On a jugé pour l'affirmative par arrêt du 22 mai 1759, rap-« porté par Denisart; la décision de cet arrêt est conforme à celle de « la loi IV, *Cod. quando dies leg. ced.*, où il est dit : *quum uxori usu-« fructus fundi legatur, et ejus proprietas, quum liberos habuerit; nato « filio, statim proprietatis legati dies cedit; nec quidquam obest, si is « decedat* [2]. »

Pothier enseignait que la convention par laquelle on stipulerait *que la femme aurait sa part dans la communauté franche de dettes, ou qu'elle en serait tenue pour une moindre partie que celle qu'elle a dans l'actif, et celle par laquelle elle renoncerait au privilége de n'être tenue des dettes de la communauté que jusqu'à concurrence de ce qu'elle en a amendé, seraient nulles.*

---

[1] Opinion de M. Duveyrier, rapport au tribunat, séance du 19 pluviôse an XII.
[2] Pothier, *Traité de la comm.*, t. I, n° 278.

Le Code a changé ces règles en quelques points, et les motifs de la législation nouvelle ne sont pas identiques à ceux de la législation ancienne à cet égard.

Si les coutumes dont parle Pothier, défendaient la convention par laquelle on aurait stipulé que la femme prendrait sa part dans la communauté franche de dettes, ou qu'elle n'en serait tenue que pour une moindre part que celle qu'elle a dans l'actif, c'est qu'elles partaient, comme nous l'apprend Pothier lui-même, de ce principe qu'il était défendu aux conjoints de se faire aucun avantage direct ou indirect pendant le mariage. Or, cela n'existe plus aujourd'hui (1094). Les motifs de détermination du Code, sont puisés dans un ordre d'idées différent; ils ont pour point de départ le principe d'égalité de conditions des associés, principe reproduit d'une manière explicite dans l'art. 1855 du Code civil.

D'un autre côté, l'art. 1521 a étendu au mari le bénéfice de la prohibition écrite dans le Droit coutumier, en faveur de la femme seulement, de renoncer au privilége de n'être tenue des dettes de la communauté que jusqu'à concurrence de ce qu'elle en avait retiré. Aujourd'hui, malgré toute convention contraire, non-seulement la femme, mais encore le mari et les héritiers de celui-ci pourraient faire annuler une convention qui porterait atteinte à cette prohibition.

L'art. 1483, qui renferme à l'égard de la femme des dispositions conformes aux règles posées par Pothier, se trouve placé au titre de la communauté légale, et ne pouvait par conséquent renfermer de prohibition de faire des conventions contraires à ses dispositions, puisqu'il était entendu que sous le régime de la communauté légale il n'y aurait pas de contrat de mariage; mais si les époux, tout en adoptant les règles de la communauté légale, ne rédigeaient un contrat que pour faire une convention contraire à l'art. 1483, il est certain que cette convention serait nulle, *comme allant,* ainsi que le disait Pothier, *à éluder la loi, qui défend au mari d'engager les propres de sa femme malgré elle.*

Le contrat de mariage doit être rédigé avant la célébration du mariage devant l'officier de l'état civil, et il n'a d'effet que du jour de cette célébration, sauf le cas prévu par l'art. 1404. Mais à partir de la célébration du mariage, il ne peut être apporté aucun changement aux conventions insérées dans le contrat rédigé avant la célébration. Les changements qui seraient faits avant la célébration ne peuvent l'être par les contractants qu'avec le concours de ceux qui devaient les assister dans le contrat primitif[1].

Les conventions de mariage étant toujours faites sous la condition tacite que le mariage aura lieu, il faut tenir que si le mariage ne se contractait pas, les stipulations insérées dans le contrat de mariage pour le règlement des intérêts des époux, ainsi que les donations qu'ils se seraient faites, ou que leur auraient faites des tiers, seraient sans effet (1088).

Si le mariage était annulé, soit pour des causes relatives à la capacité ou à la qualité des époux, soit pour vices de forme, le contrat qui réglait les conventions matrimoniales tomberait aussi. Il n'y aurait dans ce cas, sauf l'exception que j'indiquerai plus bas, ni dot, ni communauté, ni donations, ni conventions matrimoniales quelconques; chacun des époux reprendrait ce qu'il aurait apporté, quel que soit le régime qu'ils avaient adopté. Ils ont été dans une sorte de communauté de fait, et les pertes survenues dans les biens de l'un ou de l'autre, seraient supportées par l'époux propriétaire[2].

---

[1] Je puis me dispenser d'examiner ici les deux importantes questions de savoir : 1° si les époux pourraient, comme l'a soutenu M. Toullier, *ajouter* après le mariage à leurs conventions matrimoniales; 2° si, comme l'a soutenu M. Troplong, l'hypothèque légale de la femme doit produire effet à partir du jour du contrat de mariage, et non pas seulement à partir du jour de la célébration. La première de ces questions se rattache plus particulièrement à la matière des dispositions générales relatives au contrat de mariage, et la seconde au régime hypothécaire.

[2] Duranton, t. XIV, n° 6.

Mais ces principes cesseraient d'avoir leur effet, pour faire place à ceux qui sont consacrés par les art. 201 et 202 du Code civil, si les époux ou l'un d'eux avaient contracté le mariage de bonne foi, c'est-à-dire, dans l'ignorance de la cause qui s'opposait à ce que le mariage fût contracté, et qui devait en entraîner la nullité.

Les conventions matrimoniales qui auraient été annulables à cause de l'action en nullité ouverte contre le mariage lui-même pour défaut d'âge compétent des époux ou de l'un d'eux, deviennent valables et ne peuvent plus être attaquées ni par l'un ni par l'autre des époux, lorsque l'action en nullité du mariage s'éteint pour l'une des causes exprimées dans l'art. 185 du Code civil.

Je ne puis admettre l'opinion émise à cet égard par M. Duranton, qui enseigne que l'époux dont le défaut d'âge compétent aurait entraîné la nullité du mariage (il cite un exemple pour la femme, je suppose qu'il a entendu appliquer aussi sa proposition à l'homme), aurait le droit de maintenir ses conventions matrimoniales, ou d'en demander l'annulation, suivant qu'il y trouverait, ou non, son avantage, et cela bien encore que pour l'une des causes exprimées en l'art. 185, il ne fût plus recevable à attaquer le mariage lui-même, et que, dans le contrat de mariage, il eût été assisté de ceux dont le consentement lui était nécessaire pour se marier; il ajoute que l'époux *habile à se marier* serait lié envers le mineur, et que celui-ci ne le serait pas envers l'autre, de sorte que l'action en nullité que l'un pourrait proposer ne serait pas ouverte à l'autre.

Cette décision me semble contraire aux vrais principes sur les conventions matrimoniales.

On doit présumer que sans les conventions qui ont réglé les intérêts des époux, le mariage n'aurait pas eu lieu. Or, n'est-ce pas aller ouvertement contre cette règle d'appréciation des conventions de mariage, que de permettre à l'un des époux seulement de détruire, suivant son intérêt ou son caprice, un contrat formé par le concours de la volonté des deux, et que l'on doit regarder comme ayant été une des causes de l'union conjugale elle-même? Si, sans songer à l'influence que les conventions matrimoniales ont pu avoir, dans l'esprit des parties, sur la conclusion du contrat personnel lui-même, on regarde le mariage comme la chose principale, son accessoire, le contrat relatif aux intérêts matériels ne doit-il pas avoir le même sort que lui, lorsque les conventions qu'il renferme, ayant été faites avec le concours des parents de l'époux mineur, ne peuvent être regardées comme le résultat de l'erreur et de l'inexpérience? M. Duranton croit atténuer suffisamment les inconvénients de l'opinion qu'il professe, en ajoutant que, toutefois, l'époux qui demanderait la nullité du contrat de mariage ne pourrait en scinder les clauses, accepter celles qui lui seraient avantageuses et répudier les autres, qu'il devrait prendre l'acte en son entier ou le répudier pour le tout.

Ce tempérament, apporté par M. Duranton à l'opinion qu'il émet, me semble ne pas mieux la justifier.

Est-ce que l'on peut penser qu'il a été indifférent pour les époux de se marier, et pour leurs parents de les voir se marier sous un régime plutôt que sous un autre? Et quand tous auront compté soit sur le régime dotal, soit sur le régime de la communauté conventionnelle, le caprice de l'un des époux pourra les placer sous le régime de la communauté légale! Je dis communauté légale, car c'est bien là le régime dont les principes devraient régir les intérêts des époux, dès qu'il serait admis que les conventions matrimoniales demeurent sans effet. En supposant, par exemple, que ce soit le mari qui eût été inhabile à se marier, il faudra, dans le système de M. Duranton, que la femme, malgré son vœu, malgré celui de sa famille, passe sous le régime de la communauté légale, au lieu d'être protégée, comme elle comptait l'être, par les principes du régime dotal, ou par ceux de la communauté conventionnelle, s'il plaît au mari de demander la nullité des conventions de mariage.

Pour soutenir son opinion, M. Duranton se fonde sur le texte de l'art. 1398, qui déclare *valables* les conventions matrimoniales faites par le mineur *lorsqu'il est habile* à contracter mariage. Or, dit-il, l'homme qui n'a pas atteint dix-huit ans, la femme qui n'a pas atteint quinze ans, ne sont pas *habiles* à contracter mariage; donc les conventions qu'ils font avant cet âge ne les lient pas, eussent-ils été assistés de ceux dont le consentement leur était nécessaire pour se marier.

Je crois que M. Duranton force la portée de cet article, et qu'il a pensé, pour les rédacteurs du Code, à une chose à laquelle ceux-ci n'ont pas pensé eux-mêmes. Le législateur s'est plutôt occupé, dans l'art. 1398, du très-grand nombre de cas où le mineur ne se mariera qu'à l'âge fixé (car le contraire n'arrivera que très-rarement), et au lieu de dire : *le mineur qui se mariera,* il a dit : *le mineur habile* à contracter mariage. Mais, à coup sûr, par ces mots il n'a pas tranché la question que pourrait faire naître un contrat de mariage fait par un mineur inhabile à se marier.

M. Duranton cite encore l'art. 1095. Cet article prouve contre lui, au lieu de prouver pour lui; car on n'y lit pas ces mots : habile à contracter mariage; il parle seulement du *mineur.*

Cela prouve que c'est dans l'esprit autant que dans la lettre de la loi qu'il faut ici chercher la solution de la question; et l'esprit de la loi en matière de conventions matrimoniales ne peut être violé, quand, le mariage lui-même étant maintenu, les conventions relatives aux intérêts des époux le sont aussi, lorsque d'ailleurs les deux époux ont été, dans ces conventions, protégés par la présence de leurs parents, dont l'expérience et la tendresse ont dû les garantir de l'erreur et des effets de l'entraînement des passions.

Le mineur habile ou non à contracter mariage, ne peut faire de contrat de mariage sans l'assistance de ceux dont le consentement lui est nécessaire pour se marier. Faites avec cette assistance, les conventions et les donations que contient le contrat sont valables à son égard; faites sans cette condition, elles sont nulles à son égard, et il peut en demander la nullité.

Mais arrivé à sa majorité, il pourrait les ratifier. En effet, la nullité des conventions de mariage, fondée sur le défaut d'assistance des parents, n'a été établie qu'en faveur du mineur lui-même. Elle ne repose que sur la nécessité de lui donner une garantie, dans l'assistance de ses parents ou de son tuteur, contre les suggestions dont il pourrait être entouré pour faire des conventions désavantageuses à ses intérêts. Elle n'a pas pour cause, comme la nullité du mariage lui-même contracté sans le consentement des parents, le maintien de l'autorité paternelle. Ce qui le prouve, c'est que l'assistance des parents aux conventions matrimoniales n'est nécessaire qu'au *mineur*. Le majeur de vingt et un ans n'en a plus besoin, quoiqu'il ait besoin encore de ce consentement pour se marier. Cela résulte clairement des art. 488, 1095 et 1398 du Code civil. Cette nécessité de l'intervention des parents n'a pas pour cause non plus la conservation des biens dans les familles[1].

Or, puisque le mineur peut ratifier, et valider par sa ratification, les actes faits pendant sa minorité, que la loi frappait de nullité, par exemple, les actes qui avaient été faits sans l'observation des formes, j'en conclus qu'il pourrait aussi ratifier les conventions contenues en son contrat de mariage; et cette ratification aurait un effet rétroactif au jour du contrat. *Retrocurrere ratihabitionem ad illud tempus quo convenit,* dit la loi 16 au Digeste, *de pign. et hypoth.* [2]. Ce n'est même

---

[1] Je sais qu'il fut une époque de la législation française où la nécessité de la présence des parents aux conventions matrimoniales était fondée sur d'autres principes. C'est dans l'intérêt de la conservation des biens dans les familles qu'elle fut introduite. Plusieurs de nos coutumes, et notamment celle de Bourgogne, (art. 26) l'attestent. Mais Pothier nous apprend que, dans le cours du siècle dernier déjà, un arrêt de règlement (du 17 mai 1762), établissait en principe que les conventions matrimoniales ne doivent plus être regardées que comme des conventions entre les seules parties contractantes. Ainsi s'évanouit sans retour cette vieille maxime à laquelle nos anciens auteurs (Dumoulin, Bouhier, par exemple) avaient attaché tant d'importance : « le contrat de mariage établit une loi immuable entre les deux familles. » — Toullier, t. XII, n°s 32 et 33.

[2] Voir, sur la ratification des actes dont les incapables pourraient demander l'an-

qu'à la condition de cette rétroactivité que l'on peut admettre la validité de la ratification, puisque l'art. 1394 défend aux époux de faire des conventions matrimoniales postérieurement à la célébration du mariage.

Mais les époux ne pourraient, dans l'acte de ratification, faire aucune espèce de changement au contrat de mariage originaire.

Un contrat de mariage nul dans son essence, dans sa forme substantielle, ne pourrait devenir l'objet d'une ratification valable.

La ratification du contrat de mariage ne serait pas la conséquence nécessaire de l'extinction de l'action en nullité de mariage dans le cas prévu par l'art. 183. Il faut que la ratification soit conforme aux dispositions de l'art. 1338, c'est-à-dire spéciale pour le contrat de mariage lui-même.

L'action en nullité ouverte au mineur contre les conventions portées en son contrat de mariage ne pourrait être intentée que par lui, par ses héritiers ou par ses ayant-cause (1125).

Elle est prescriptible par dix ans à partir du jour où le mineur aura atteint sa majorité (1304). Il ne serait pas obligé de prouver que les conventions portées dans le contrat sont lésionnaires pour lui. Si avant que le mineur eût atteint sa majorité, ses parents ratifiaient le mariage qu'il aurait contracté sans leur consentement, la ratification qu'ils donneraient également au contrat contenant les conventions matrimoniales, fait aussi sans leur consentement, aurait le même effet que celle qu'aurait donnée le mineur arrivé à sa majorité.

Cette ratification devrait être expresse. Elle ne pourrait s'induire de l'approbation donnée par les parents au mariage lui-même, car ils peuvent avoir des motifs pour approuver le mariage et en avoir aussi pour refuser leur approbation aux conventions matrimoniales; et tant qu'elle ne serait pas donnée, l'époux mineur conserverait l'action en

nulation, l'opinion émise par M. Troplong dans son *Traité des hypothèques*, t. II, n°⁵ 488 et suiv.

nullité jusqu'à sa propre ratification en majorité ou jusqu'à la prescription acquise. Il va sans dire que la ratification donnée par les parents aurait, comme celle qui serait donnée par l'époux devenu majeur, un effet rétroactif au jour du contrat.

Ces règles seraient applicables à la ratification que les parents du mineur donneraient au contrat de mariage qui aurait été fait sans leur consentement, bien encore qu'ils eussent consenti au mariage lui-même.

Les personnes auxquelles il a été donné un conseil judiciaire, soit à cause de la faiblesse de leur esprit, soit à cause de leur prodigalité, peuvent se marier sans l'assistance de ce conseil. Fondé sur les affections ou les répulsions que ceux-là seuls qui veulent se marier peuvent sentir et comprendre, le choix qu'ils font doit être libre, dégagé de l'influence de toute volonté étrangère. On conçoit d'après cela que l'intervention du conseil judiciaire dans la cérémonie qui confirmera le choix qu'aura fait le prodigue, soit chose tout à fait inutile. Il ne devait pouvoir s'opposer au choix du prodigue, il ne peut rien avoir à faire dans l'acte de célébration du mariage. Mais est-il aussi nécessaire et commandé par la nature même des choses, que pour les conventions purement pécuniaires de son mariage, le prodigue ou le faible d'esprit reste livré à ses propres inspirations ? On pourrait en douter et croire jusqu'à un certain point que, sans porter atteinte au principe de la liberté en matière de mariage, il serait possible d'opposer, par l'intervention du conseil judiciaire, une barrière utile à la cupidité d'une famille qui voudrait spéculer sur la faiblesse d'esprit ou la passion d'un individu.

Toutefois, les conventions de mariage se lient d'une manière si étroite aux relations personnelles de famille, il pourrait être si facile à un conseil judiciaire d'entraver la conclusion d'un mariage par des obstacles dont lui seul serait l'arbitre, qu'il semble plus conforme aux principes de la liberté en matière de mariage de ne pas exiger l'intervention du conseil, ou plutôt de la déclarer inutile. En cela, j'adopte l'avis de M. Duranton. Mais je ne puis croire avec lui que les donations entre-vifs que le prodigue aurait faites à son conjoint pourraient dans certains cas être réduites comme excessives. Je ne sais sur quel texte de loi le juge qui voudrait réduire de pareilles donations se fonderait pour le faire, si d'ailleurs on n'alléguait aucun fait de dol. Quel serait la mesure de la réduction? Toutes les dispositions du contrat se lient d'ailleurs; elles sont toutes présumées avoir été la condition de l'union. Il serait bien plus logique, en s'appuyant sur le texte de l'art. 513 du Code civil, qui défend au prodigue d'aliéner, de le considérer comme incapable de faire seul des conventions de mariage, puisque ces conventions produisent toujours, avec plus ou moins d'étendue, des aliénations, par la mise en commun de choses qui étaient propres aux époux. Mais en partant de l'idée que l'assistance du conseil n'est pas nécessaire au prodigue ou au faible d'esprit dans son contrat de mariage, ou plutôt qu'elle est incompatible avec la nature même des conventions qui en sont l'objet, on ne peut admettre la proposition de M. Duranton. En annulant une partie de ces conventions, le juge commettrait un excès de pouvoir, et exposerait sa décision à la cassation.

Les règles du droit commun sur les conditions essentielles pour la validité des conventions sont, au surplus, applicables aux conventions insérées dans les contrats de mariage; mais les tribunaux se montreraient sans doute plus difficiles pour annuler de pareilles conventions, que pour annuler celles insérées dans des contrats ordinaires, les contrats de mariage étant, comme j'ai déjà eu l'occasion de le dire, entourés d'une grande faveur.

En résumant les principes exposés dans ce chapitre, je definirai la communauté conventionelle :

Une espèce de société[1] qui se forme entre époux, relativement à

---

[1] *Uxor non est propriè socia, sed speratur fore*, dit Dumoulin sur l'art. 109 de l'ancienne coutume de Paris. Sans aller jusqu'où est allé M. Toullier, qui prétend

certains de leurs biéns, à partir de la célébration du mariage devant l'officier de l'état civil, et qui est réglée quant à son étendue et à ses effets par les conventions arrêtées entre les futurs époux, à l'assistance quelquefois de ceux dont le consentement leur est nécessaire pour se marier, et rédigées par acte authentique avant la célébration; conventions qui jouissent de certains priviléges dérogatoires au droit commun, qui n'ont d'autres limites que celles que la loi, dans l'intérêt des mœurs et de l'intérêt public, y a mises soit explicitement, soit virtuellement, et qui ne peuvent plus être modifiées après la célébration du mariage.

Les règles spéciales relatives à la communauté conventionnelle sont l'objet de huit sections placées dans la deuxième partie du chapitre 2 du titre 5 du livre 3 du Code civil.

Les principales modifications qui peuvent être faites à la communauté légale sont, d'après le second paragraphe de l'art. 1497, celles qui ont lieu de l'une ou de l'autre des manières qui suivent, savoir :

1° Que la communauté n'embrassera que les acquêts;

2° Que le mobilier présent ou futur n'entrera point en communauté, ou n'y entrera que pour une partie ;

3° Qu'on y comprendra tout ou partie des immeubles présents ou futurs, par la voie de l'ameublissement;

4° Que les époux payeront séparément leurs dettes antérieures au mariage;

5° Qu'en cas de renonciation, la femme pourra reprendre ses apports francs et quittes;

que la femme ne devient commune en biens, n'acquiert un droit sur les objets de la communauté, que quand, après la dissolution, elle a accepté, on peut cependant dire que la société résultant de l'adoption du régime de la communauté légale ou de la communauté conventionnelle, est exorbitante des sociétés ordinaires, le droit qu'a le mari de disposer par aliénation des objets de cette communauté, sans avoir à en rendre compte à sa femme en faisant quelque chose de plus qu'un associé ordinaire.

6° Que le survivant aura un préciput;

7° Que les époux auront des parts inégales;

8° Qu'il y aura entre eux communauté à titre universel.

De ces huit sections, quatre sont comprises dans le sujet que le sort m'a donné à traiter. Je vais faire de ma dissertation, sur ces quatre sections, l'objet d'un second chapitre, qui sera divisé en quatre sections aussi, correspondantes à chacune de celles du Code sur ce point.

CHAPITRE II.

SECTION PREMIÈRE.

De la communauté réduite aux acquêts.

Mariés sans contrat de mariage, c'est-à-dire sous le régime de la communauté légale, les époux voient entrer dans cette communauté du droit commun : 1° tout le mobilier qu'ils possédaient au jour de la célébration du mariage; 2° tout celui qui leur échoit, à quelque titre que ce soit, pendant le mariage, à moins de disposition contraire dans un acte de donation qui le leur aurait transmis; 3° tous les fruits, les intérêts et les arrérages de quelque nature qu'ils soient, échus ou perçus pendant le mariage, et provenant des biens qui leur appartiennent au jour du mariage ou de ceux qui leur sont échus depuis; 4° tous les immeubles qu'ils acquièrent des deniers communs pendant le mariage (1401).

Quant au passif, l'art. 1409 le détermine. Il me suffit en ce moment, pour mon sujet, de dire que le paragraphe premier de cet article fait entrer dans la communauté légale les dettes mobilières dont les époux étaient chargés au jour de la célébration de leur mariage, ou dont se trouvent chargées les successions qui leur échoient pendant le mariage, sauf la récompense pour celles relatives aux immeubles propres à l'un ou à l'autre des époux. — L'art. 1410 met seulement une condition à ce que les dettes mobilières contractées avant le mariage par la femme tombent à la charge de la communauté, c'est que l'acte par lequel elles ont été contractées ait acquis une date certaine avant le mariage.

Voilà le droit commun.

Or ce droit commun les époux peuvent le modifier, et sans avoir été exprimée d'une manière formelle, une modification résultera suffisamment de la clause insérée dans le contrat de mariage, et portant *qu'il n'y aura entre les époux qu'une communauté d'acquêts*. La loi attache à une semblable stipulation la présomption que les époux ont entendu exclure de la communauté *et les dettes de chacun d'eux actuelles et futures, et leur mobilier respectif présent et futur.*

Cette présomption produira tous ses effets, s'il ne résulte pas d'autres dispositions de l'acte, ou d'une contre-lettre faite dans la forme et à l'époque déterminées par les art. 1396 et 1397, que les époux ont voulu autre chose.

Il ne serait pas nécessaire, comme l'a écrit un auteur, M. Toullier, pour qu'un tel effet fût produit, que le contrat portât expressément qu'il *n'y* aura entre les époux *qu'*une communauté d'acquêts, c'est-à-dire que l'on insérât dans l'acte les deux particules négative et restrictive *ne, que.* La même présomption serait attachée à la clause d'un contrat portant seulement ces mots : « *Il y aura entre les époux communauté d'acquêts.* »

D'abord l'art. 1498 ne dit pas qu'il n'y aura de communauté réduite aux aquêts que lorsque les époux stipuleront qu'il *n'y* aura entre eux *qu'*une communauté d'aquêts; il dit seulement : « Lorsque « les parties stipulent qu'il n'y aura entre eux qu'une communauté « d'acquêts, etc. »

M. Toullier a joué sur les mots, au lieu d'aller au but d'un pas ferme à l'aide des principes. Or les principes du Code sur l'interprétation des conventions nous apprennent qu'il faut, quand une clause est susceptible de deux sens, l'interpréter dans le sens où elle produirait un effet, plutôt que dans celui où elle n'én aurait aucun (1157). Et comme on doit présumer que les époux savaient qu'ils n'avaient pas besoin de faire un contrat de mariage pour rester soumis au régime de la communauté légale, régime qui cependant devrait les gouverner, si l'on admettait l'interprétation que M. Toullier donne à une telle clause, il s'ensuit, si l'on veut que le contrat de mariage signifie quelque chose, qu'il faut attribuer à cette clause le sens le plus naturel qu'on puisse lui donner, c'est-à-dire l'effet attaché par l'art. 1498 à la clause qu'il indique.

D'ailleurs il est d'autres cas où les modifications aux effets de la communauté légale s'induisent, d'après le vœu de la loi elle-même, de clauses qui ne sont pas plus explicites que celle à laquelle M. Toullier refuse les effets que je crois qu'il faut lui donner. Ainsi, lorsque les époux déclarent mettre une certaine somme ou un certain objet dans la communauté, ils sont censés se réserver le surplus (1500). Ainsi encore, lorsque l'un des époux déclare apporter en communauté une somme ou un corps certain, cette convention emporte tacitement la promesse que cet apport est franc de toutes dettes antérieures au mariage, et oblige l'époux à faire raison à la communauté de toutes celles qui diminuent l'apport promis ; ce qui est bien virtuellement une exclusion de toutes des dettes de cet époux[1].

Il faudrait aussi attacher la présomption et les effets que l'art. 1498 attribue à la clause portant qu'*il n'y aura entre les époux qu'une communauté d'acquêts,* à celle portant qu'*il n'y aura entre les époux qu'une société d'acquêts.* Ces mots : *société d'acquêts, communauté d'acquêts,* sont synonymes. L'art 1581 leur a donné le même sens légal, et dans l'usage on appelle aussi la communauté réduite aux acquêts : *société d'acquêts.*

La clause d'un contrat de mariage portant que les acquêts que pour-

---

[1] M. Duranton, t. XV, n°ˢ 8 et suivants.

ront faire les époux ne leur seront point communs, ne s'applique qu'aux acquêts faits particulièrement par le mari ou par la femme, et non à ceux qu'ils peuvent faire *conjointement*[1].

Si les époux avaient inséré dans leur contrat de mariage une clause portant qu'ils seront communs dans tous les biens qu'ils *acquerront*, ils sont censés avoir entendu se réserver propres tous les biens mobiliers qu'ils avaient lors du mariage.

Pothier, n° 317 de son *Traité de la communauté*, le décidait ainsi par le motif que « dire que la communauté sera composée des biens « que les époux acquerront, c'est dire que ceux qu'elles ont déjà n'y « entreront pas, suivant la règle : *qui dicit de uno, negat de altero.* »

Cette décision de Pothier me paraît exacte ; elle n'a rien qui force le sens des termes d'une semblable clause, et les motifs sur lesquels MM. Toullier et Merlin se sont appuyés pour la rejeter aujourd'hui, ne sont réellement pas concluants. Quoi qu'ils en disent, les art. 1500 et 1511, que j'ai déjà eu l'occasion de citer plus haut, prouvent que l'on peut très-bien déroger *implicitement* aux règles de la communauté légale ; et si, d'après les dispositions expresses de l'art. 1401, le mobilier appartenant aux époux à l'époque du mariage tombe dans la communauté, lorsqu'ils n'ont pas dérogé à cette règle du droit commun, il est très-vrai aussi que, d'après les dispositions formelles de l'art. 1511, il n'est pas indispensable que cette dérogation soit expresse[2].

Pothier décide que la clause portant : « *les futurs conjoints seront* « *communs en bien meubles et immeubles qu'ils acquerront*, n'exclut pas « de la communauté les biens meubles que les conjoints ont lors de « leur mariage, parce que, étant susceptible de deux sens, l'un qui « rapporterait ces termes *qu'ils acquerront* à toute la phrase, tant « aux meubles qu'aux immeubles, l'autre qui ne rapporte ces termes « *qu'ils acquerront* qu'à ceux-ci *aux immeubles*, qui précèdent immé_

---

[1] Arrêt rendu par la Cour d'Angers, le 11 mars 1807.

[2] M. Duranton, t. XV, n° 9.

4.

28

« diatement, on doit préférer le second sens[1] comme plus conforme
« au droit commun des communautés, qui y fait entrer le mobilier. »

Je doute que cette décision doive être admise. C'est donner une bien
étroite interprétation à une telle clause : Le mot *acquerront* se rapporte grammaticalement à tout ce qui précède, aux meubles comme
aux immeubles ; donc c'est aux biens meubles et aux biens immeubles
que les époux pourraient acquérir, et non aux biens meubles ou immeubles qu'ils possédaient déjà, que s'applique la clause constitutive
de leur communauté[1].

Le second paragraphe de l'art. 1498 détermine spécialement les
effets de la communauté réduite aux acquêts. D'après sa disposition,
la communauté ainsi modifiée se compose activement de tous les acquêts, meubles et immeubles, faits pendant sa durée, et provenant
tant de l'industrie commune des époux que des économies faites sur
leurs revenus respectifs. Il résulte de là que tout ce que les époux
possédaient en meubles ou en immeubles lors du mariage leur reste
propre, ainsi que tout ce qu'ils acquerront respectivement dans la
suite en meubles ou en immeubles, à titre de succession, de donation
ou de legs.

Et comme les fruits civils s'acquièrent jour par jour (586), tout ce
qui serait dû aux époux d'intérêts de leur capitaux ou de leurs rentes
constituées, au jour de leur mariage, ainsi que les fractions de loyer de
maisons ou de prix de baux à ferme, leur serait pareillement réservé.
Peu importerait que les termes de payement ne fussent pas encore
arrivés.

Quant aux fruits pendants par branches ou par racines sur les biens
des époux au moment du mariage, ils appartiennent à la communauté, s'ils sont perçus pendant son cours. Ceux qui se trouvent dans
le même état à la dissolution de la communauté appartiennent à l'é-
poux propriétaire du fonds, comme dans le cas de communauté légale,

____

[1] M. Duranton, t. XV, n° 38.

et dès cette époque, tout ce qui est réputé fruits civils lui appartient également.

La communauté ne devrait pas indemnité pour frais de labours et de semences à l'époux sur les fonds duquel il existerait lors du mariage des fruits pendants par branches ou par racines. Il ne faudrait pas appliquer à ce cas la règle : *nulli sunt fructus nisi impensis deductis.* L'époux est censé avoir mis la jouissance de ses biens dans la communauté dans l'état où ils se trouvaient alors. Toutefois, si les frais faits étaient encore dus à des tiers, la communauté qui les aurait payés ne pourrait rien réclamer de l'époux à ce sujet[1].

Mais l'époux sur le fonds duquel une récolte est à faire au jour de la dissolution de la communauté, doit indemnité à la communauté à raison des frais et des déboursés qu'elles a faits pour cette même récolte.

Pour ces déboursés, pas plus que pour ceux qui auraient été faits dans le cas dont j'ai parlé plus haut, il ne faudrait appliquer le système de compensation établi par l'art. 585 du Code civil. La coutume de Paris le décidait formellement par son art. 231, qui portait : « Les fruits des héritages propres, pendants par les racines au temps « du trépas de l'un des conjoints par mariage, appartiennent à celui « auquel advient ledit héritage, à la charge de payer la moitié des la- « bours et semences. »

Pothier justifiait cette disposition de la coutume par le principe général « qu'un associé ou commun est obligé, *actione pro socio* ou *actione communi dividendo*, de faire raison à la société ou à la communauté de ce qui en a été tiré pour une affaire qui lui est particulière et dont il profite seul, un associé ou commun ne devant pas s'avantager aux dépens de la communauté. »

Ce principe se retrouve dans les dispositions des art. 1437 et 1846, et ne permet pas de croire que les auteurs du Code civil aient entendu y déroger pour le cas qui nous occupe.

---

[1] M. Duranton, t. XV, n° 11, et t. XIV, n° 152 et 153.

M. Delvincourt a à tort enseigné le contraire, et M. Duranton a très-bien prouvé que la discussion qui s'est engagée sur ce point au conseil d'État, lors de la rédaction de l'art. 585, n'est pas aussi concluante en faveur de l'opinion que professe M. Delvincourt, que ce dernier l'avance. — Je crois, en tout cas, que la disposition de la coutume de Paris était plus conforme à l'équité et aux principes en matière de communauté, et que ce n'est que par ignorance de la disposition citée de la coutume de Paris et de l'opinion de Pothier à cet égard que M. Tronchet avançait dans la discussion au conseil d'État, « *que jamais en pareil cas on n'avait accordé de récompense au mari.* »

Pothier enseignait aussi avec raison que l'époux tenu d'indemniser la communauté des frais de labours et de semences, ne pourrait se décharger de cette indemnité en offrant d'abandonner la récolte à la communauté, pas plus qu'il n'aurait pu s'en décharger à l'égard d'un *negotiorum gestor,* qui aurait fait les dépenses pour lui, en lui abandonnant la récolte. Il en donne pour motif que ces dépenses étant des dépenses nécessaires qu'il eût été obligé de faire de ses propres deniers, si elles n'eussent pas été faites de ceux de la communauté, il profite de ces dépenses *quatenùs propriæ pecuniæ pepercit.* Cette décision doit encore être suivie, si l'on admet la solution que je crois devoir être donnée à la question précédente.

On doit présumer que les époux, en réduisant leur communauté aux acquêts, ont eu surtout en vue d'exclure de leur communanté, outre ce qu'ils possèdent déjà, ce qu'ils recueilleraient dans leurs familles par succession, ou même de personnes étrangères, par donation ou par legs.

Aussi n'hésité-je pas à penser que tout ce qu'ils acquerraient pendant le mariage par gains de fortune, jeu, invention de trésor ou épaves, tomberait dans la communauté réduite aux acquêts.

D'abord, quant aux gains résultant des jeux d'adresse, pour le payement desquels l'art. 1966 accorde une action en justice, ceux-là tombent évidemment dans la communauté, compris qu'ils sont dans le terme générique *industrie,* qui se lit dans l'art. 1498.

Quant aux gains résultant des jeux de hasard, et pour le recouvrement desquels la loi n'accorde point d'action, mais qui, ayant été volontairement acquittés, ne seraient pas sujets à restitution (art. 1967),
on peut dire, « que si la fortune elle-même a joué le principal rôle dans
« le gain qui a été obtenu, il y a toujours eu le fait de la personne dans
« l'action de jouer ; sa prévoyance est une sorte d'industrie ; c'est cette
« sorte d'industrie, *adjuvante fortunâ,* qui a procuré le bénéfice. Si le
« mari était assureur, les bénéfices qu'il obtiendrait par suite des con-
« trats d'assurance qu'il ferait entreraient incontestablement dans la
« communauté, quoique réduite aux acquêts ; et cependant ce serait
« un gain de fortune, comme celui qui est obtenu au moyen du contrat
« de jeu[1]. »

Ce que dit M. Duranton n'a plus d'application possible au cas de
gain obtenu par le jeu de la loterie en France, ce jeu y ayant été aboli ;
mais les gains qui auraient été faits par l'un des époux dans des pays
où ce jeu est encore autorisé, devraient entrer dans la masse des acquêts
de communauté, et être, en conséquence, partagés entre les époux ou
leurs héritiers.

Il en serait de même des gains qui auraient été faits à toute autre
espèce de jeu de hasard, et dont le résultat aurait été volontairement
acquitté par le perdant. Peu importerait d'ailleurs que le gain eût été
obtenu avec des deniers propres à l'époux qui l'aurait fait, ou avec des
deniers provenant de la communauté.

Toutefois, si le contrat aléatoire avait été formé avant le mariage, si
par exemple, il avait été mis à la loterie, ou si un pari avait été fait avant
le mariage, quoique le tirage de la loterie ou le fait qui a donné lieu
au pari ne se fussent accomplis qu'après le mariage, le principe de
la créance de l'époux étant antérieur au mariage, la somme gagnée lui
demeurerait propre.

Quant au trésor découvert par l'un des époux pendant le mariage

---

[1] M. Duranton, t. XV, n° 12.

sur le fonds d'un tiers, et pour la portion qui lui en revient, ou à l'épave qu'il aurait trouvée et qui n'aurait pas été réclamée, ou qui n'appartenait à personne, comme une perle trouvée sur le bord de la mer, c'est bien, il faut en convenir, un pur don de la fortune; mais il n'est pas vraisemblable que les époux y aient songé, et, comme je le disais plus haut, il est présumable que les époux n'ont pas entendu l'exclure de la communauté réduite aux acquêts, de laquelle ils n'auront voulu exclure, outre leur mobilier présent, que le mobilier futur, qui, d'après le cours ordinaire des choses, d'après les lois des successions, devaient un jour leur provenir de leurs familles, ou de legs, ou de donations[1].

Le mot *industrie* comprend évidemment dans sa généralité les produits de l'intelligence, de l'imagination, du talent artistique. Ainsi, la communauté réduite aux acquêts comprend la propriété des ouvrages composés par l'un des époux pendant son cours, comme le produit des éditions faites ou de celles à faire. Il en est de même de la propriété et du produit des compositions de musique, de peinture, de sculpture, de gravure, de dessin, enfin de toutes autres productions de l'esprit et du talent. Le prix de la cession qui en serait faite tomberait pareillement dans la communauté.

Mais quant aux ouvrages déjà composés lors du mariage, la propriété en reste à l'époux qui les a composés, ainsi que le prix de la cession qui en serait faite pendant le mariage.

En tout cela je suis d'accord avec M. Duranton. Mais je ne puis croire avec lui, que le produit des éditions faites durant le mariage, d'ouvrages composés avant, tombe aussi dans la communauté. En effet, si l'ouvrage a été cédé à un libraire moyennant un prix convenu et à la condition que l'auteur aura droit à un nombre déterminé d'exemplaires de l'ouvrage, il est évident que la réserve des exemplaires est une des conditions du prix de la cession, et comme M. Duranton reconnaît

---

[1] M. Duranton, *loco citato*.

que ce prix reste propre à l'époux quand l'ouvrage a été composé avant le mariage, il faut bien qu'il admette aussi que le prix des exemplaires d'une édition faite pendant le mariage, qui seront placés pour le compte de l'auteur, reste propre à l'époux. Ou bien l'auteur est lui-même éditeur de son ouvrage, et en fait placer les exemplaires pour son compte, par des libraires, moyennant des remises. Dans ce cas encore le prix des éditions faites pendant le mariage doit être propre à l'époux auteur; car, comme le prix de ces éditions est la seule et vraie représentation de la valeur vénale de l'ouvrage, il serait dérisoire que le prix en tombât dans la communauté, quand on nous dit que la propriété de l'ouvrage n'y entre pas. Ajoutons que la division des diverses éditions d'un ouvrage est chose purement matérielle et de temps, de sorte que l'on peut dire que quand un ouvrage a été tiré et vendu une première fois à mille exemplaires, une seconde et une troisième fois aussi à mille, il n'y a eu réellement qu'une seule et même mise en circulation d'un même ouvrage. L'argent que le public a donné pour les mille premiers exemplaires, n'était la représentation que d'une partie de la valeur de l'ouvrage, valeur qui ne sera entièrement atteinte que quand le public n'achètera plus, ou quand, par application des lois sur la propriété littéraire, l'auteur ou ses héritiers ne pourront plus rien en retirer.

Il en serait autrement des copies qu'un peintre ferait pendant le mariage de ses tableaux peints avant le mariage. Car les originaux conservent leur valeur; ils l'ont en eux-mêmes; le peintre n'a pas, comme l'écrivain, besoin de l'aide d'une opération matérielle pour donner une valeur vénale à ses ouvrages, et traduire son droit de propriété en écus. Mais les copies qu'il en fait pendant le mariage, sont le résultat de l'exercice de son industrie, de son talent pendant le mariage, et il est clair que la valeur en tombe dans la communauté réduite aux acquêts, comme y tomberait la valeur des tableaux originaux qu'il aurait faits pendant le mariage. La même distinction s'appliquerait, par parité de raison, aux ouvrages de sculpture et aux copies qui en seraient faites.

Les effets de la clause de réduction de communauté aux acquêts ne sont pas bornés à l'actif seulement; ils s'étendent aussi au passif.

Ainsi, de même qu'en déclarant réduire leur communauté aux acquêts, les époux sont censés en exclure les biens mobiliers qu'ils possèdent au moment du mariage, et ceux qui leur échoient pendant le mariage à titre de succession, de donation ou de legs, de même ils sont censés, par cette clause, réduire la charge de la communauté, quant aux dettes, à celles qui seront contractées dans l'intérêt commun à partir du jour du mariage, par conséquent, en exclure les dettes actuelles de chacun des époux, quelles qu'elles soient, et celles futures qui seraient contractées relativement aux biens personnels des époux. Il est entendu que les dettes qui seraient contractées *conjointement* par les époux, même dans l'intérêt de l'un d'eux seulement, devraient être acquittées par la communauté, sauf la récompense.

Pour qu'une dette soit à la charge de la communauté réduite aux acquêts, il faut que la cause de cette dette soit réellement née pendant la communauté; il ne suffirait pas que la condition sous laquelle elle avait été contractée avant le mariage, se fût accomplie durant la communauté; car, dans ce cas, la dette resterait à la charge de l'époux qui en était débiteur, la condition accomplie ayant un effet rétroactif (art. 1179)[1].

D'après cela, toutes les dettes qui ne sont que le résultat d'obligations antérieures au mariage demeurent à la charge personnelle de l'époux qui en était débiteur.

Toutes les dettes relatives aux successions, aux donations ou aux legs recueillis par l'un ou par l'autre des époux pendant le mariage, demeurent aussi à sa charge personnelle : cela est juste, puisqu'il conserve tout l'émolument de ces successions, de ces donations ou de ces legs.

La communauté réduite aux acquêts, jouissant des revenus des époux,

---

[1] Pothier, *Traité de la communauté*, t. Ier, n° 354.

est chargée du payement des arrérages de rentes et des intérêts des capitaux qui sont demeurés dettes personnelles à l'époux qui les avait contractées. Mais quant aux fractions d'arrérages de rentes et des intérêts de capitaux, qui avaient couru avant le mariage, elles restent à la charge de l'époux débiteur, et si la communauté avait acquitté ces fractions d'arrérages ou d'intérêts, l'époux, à la décharge duquel elles auraient été payées, en devrait récompense[1].

Le second paragraphe de l'art. 1498 détermine le mode du partage qui, à la dissolution de la communauté réduite aux acquêts, doit s'opérer entre les époux.

« *Après que chacun des époux,* dit cet article, *a prélevé ses apports* « *dûment justifiés, le partage se borne aux acquêts faits par les époux* « *ensemble ou séparément durant le mariage,* et provenant tant de l'in- « dustrie commune que des économies faites sur les fruits et revenus « des biens des deux époux. »

Les apports dont parle cet article peuvent consister en immeubles et en mobilier.

Quant aux immeubles, point de difficulté : sous le régime de la communauté réduite aux acquêts, comme sous le régime de la communauté légale et comme sous le régime dotal, les époux sont chacun restés propriétaires de leurs immeubles propres, avec cette différence, que sous les deux premiers l'aliénation en était permise, à moins de stipulation contraire dans le contrat de mariage, et que sous ce dernier, l'aliénation en était défendue, à moins de stipulation contraire.

Si donc, étant restés dans les termes du droit commun, quant à l'aliénabilité des immeubles appartenant à la femme, les époux les ont aliénés conjointement, la femme prélèvera d'abord le prix de ses immeubles aliénés, s'il n'en a pas d'ailleurs été fait à son profit remploi accepté par elle dans la forme voulue par l'art. 1435. Si le contrat

[1] Duranton, t. XV, n° 14.

5.

de mariage avait stipulé l'inaliénabilité des immeubles, la femme aurait contre les acquéreurs de ces immeubles, l'action en nullité ouverte par l'art. 1560 à la femme mariée sous le régime dotal.

Le mari retirerait aussi en nature ses apports en immeubles, à moins qu'ils n'eussent été aliénés sans remploi, cas auquel il prélèverait sur la masse la valeur de ces immeubles. Il est à noter que tout immeuble est présumé acquêt, si le contraire n'est prouvé (art. 1402).

Quant au mobilier, le prélèvement soit en nature, s'il existe encore en nature, soit en argent, s'il a été aliéné, est soumis à des règles différentes, suivant qu'il s'agit du mobilier que l'un ou l'autre époux prétend avoir apporté lors du mariage, ou suivant qu'il s'agit du mobilier échu soit au mari, soit à la femme, pendant le mariage.

Ces règles sont celles-ci :

Le prélèvement du mobilier apporté par chacun des époux lors du mariage, ou sa valeur, s'il a été aliéné, ne peut être fait ni par l'un ni par l'autre, si ce mobilier n'a pas été constaté par un inventaire ou par un état fait avant le mariage.

L'état en bonne forme, dont parle l'art. 1498, pourrait être sans doute un acte sous seing-privé (je tire cette conclusion du rapprochement de l'art. 1498 avec l'art. 1510, qui ne parle plus seulement d'un état en bonne forme, mais d'un *état authentique*); toutefois, il faudrait que cet acte désignât d'une manière suffisante les objets inventoriés et leur valeur, et il n'aurait d'effet dans l'hypothèse actuelle, c'est-à-dire pour autoriser au profit des époux ou de l'un d'eux le prélèvement du mobilier qu'ils avaient avant le mariage, qu'autant qu'il aurait acquis une date certaine par l'enregistrement avant le mariage.

M. Battur, n° 364, enseigne qu'il faudrait aussi que cet acte fût déposé chez un notaire avant le mariage. Aucun texte de loi n'étaye cette opinion.

Les art. 1498 et 1499, en mettant pour condition au prélèvement du mobilier apporté par chacun des époux lors du mariage, la constatation de ce mobilier par inventaire ou par état en bonne forme, ne fait aucune distinction entre le mobilier qui serait apporté par la femme èt celui qui serait apporté par le mari.

Apporté par l'un ou par l'autre, il sera *réputé acquèt*, s'il n'a pas été constaté par inventaire ou par état en bonne forme. Aucune disposition du Code n'autorise à tempérer la rigueur de ce principe à l'égard de la femme.

Il ne faudrait donc plus suivre aujourd'hui la décision de Pothier (*Traité de la communauté*, n° 298), quand il écrit : « La quantité du « mobilier que chacun des conjoints avait lors du mariage, lorsqu'elle « n'a pas été déclarée par le contrat de mariage, peut aussi se justifier « par un état fait entre les conjoints, même depuis le mariage, et sous « leur signature privée, qui en contienne le détail et la prisée. »

Et c'est à tort que M. Toullier, n° 306, t. XIII) enseigne que le Code n'a apporté à cette doctrine de Pothier d'autre changement que celui de ne laisser qu'à la femme le droit de prouver par *acte postérieur au mariage*, ou même par *commune renommée*, la valeur du mobilier qu'elle avait lors du mariage.

Le Code n'a, dans aucune de ses dispositions, rien dit de semblable quant au mobilier que possédait la femme au moment de son mariage. L'art. 1504, invoqué par M. Toullier, n'a trait qu'au mobilier qui échoirait à la femme pendant le mariage.

Cette disposition se justifie parfaitement par la nécessité de donner une garantie à la femme contre les négligences volontaires ou involontaires que son mari pourrait commettre pendant le mariage, en omettant de faire constater le mobilier qui échoirait à sa femme. Aussi ne douté-je pas que cet art. 1504, quoique placé dans la section relative à la clause qui exclut de la communauté le mobilier en tout ou en partie, ne puisse être invoqué par la femme mariée sous le régime de la communauté réduite aux acquêts. L'art. 1415 viendrait encore lui prêter secours. Mais le même motif n'existe pas pour le mobilier qui aurait été apporté par la femme en se mariant : il lui a été possible de faire faire elle-même l'inventaire ou l'état de ce mobilier ; on doit pré-

sumer que l'expérience et la sollicitude de ses parents l'auront pré-
munie contre l'oubli de cette formalité, et qu'ils auront veillé eux-
mêmes à son accomplissement, si la femme avait du mobilier. L'art. 1499
a donc pu, sans rigueur et sans injustice, réputer acquêt le mobilier
même de la femme existant lors du mariage, et non inventorié.

Ce que nous venons de dire serait applicable non-seulement aux
créanciers personnels de l'un ou de l'autre des époux qui voudraient
se faire payer, à l'exclusion des créanciers de la communauté, sur le
mobilier non inventorié d'une manière régulière, mais encore aux
époux entre eux. L'art. 1499 est absolu, général; il ne distingue pas,
et répute formellement *acquêt* le mobilier existant lors du mariage,
mais non inventorié.

Si pour le mobilier échu pendant le mariage, la femme invoquait le
principe écrit dans l'art. 1504, que j'ai reconnu plus haut lui être
applicable pour ce mobilier, la preuve, extrinsèque à un inventaire,
qu'elle ferait, ne pourrait profiter à ses créanciers personnels, au dé-
triment des créanciers personnels du mari ou de ceux de la communauté. Le principe écrit dans l'art. 1510 devrait être suivi à cet égard,
sauf le recours de la femme ou de ses héritiers pour la valeur du mobilier, justifié autrement que par un inventaire, qui aurait servi à
payer les créanciers du mari.

Mais les créanciers personnels de la femme, qui ne seraient pas en
concours avec des créanciers personnels du mari ou avec ceux de la
communauté, pourraient, exerçant les droits de leur débitrice en vertu
de l'art. 1166 du Code civil, faire contre le mari la même preuve que
la femme aurait eu le droit de faire en vertu de l'art. 1504, et se faire
payer sur la valeur constatée du mobilier échu à la femme pendant
le mariage.

« Soit qu'il s'agisse du mobilier apporté par la femme lors de son
« mariage, ou à elle échu pendant le mariage, si ce mobilier a été con-
« fondu dans la communauté sans un inventaire préalable ou autre
« acte en bonne forme, les créanciers de la femme, sans avoir égard à

« aucune des distinctions qui seraient réclamées, peuvent, conformé-
« ment à l'art. 1510, poursuivre leur payement sur les biens de la com-
« munauté comme sur le mobilier non inventorié.

« Dès que le mari a confondu dans sa communauté, sans un inven-
« taire préalable, du mobilier échu à sa femme, il est en faute, et il
« doit en subir les conséquences, sauf à lui son recours contre sa femme,
« s'il y a lieu, pour l'avoir libérée. Les créanciers peuvent prétendre
« que ce mobilier aurait peut-être suffi pour les payer intégralement.
« Au lieu que, lorsqu'il y a eu un inventaire du mobilier échu à sa
« femme, les créanciers de celle-ci ne peuvent poursuivre leur payement
« que sur ce mobilier et sur les autres biens de leur débitrice[1]. »

Mais si les dettes respectives des époux sous ce régime ne tombent pas
à la charge de la communauté, et si, par suite, les créanciers du mari
et ceux de la communauté ne peuvent faire vendre le mobilier inventorié de la femme, il y a toutefois pour l'application de la règle, une
distinction à faire entre celles des parties de ce mobilier qui, par la
force des choses ou par la convention des parties, sont devenues la propriété de la communauté ou celle du mari, à charge d'indemnité envers la femme à la dissolution, et celles qui sont réellement restées en
dehors de la communauté et de la disposition du mari.

Ainsi, si dans le mobilier apporté par la femme, il se trouve des
choses qui se consomment naturellement ou civilement par l'usage que
l'on en fait, comme des denrées, de l'argent comptant, des marchandises destinées à être vendues, il est clair que la communauté devient
propriétaire de ces objets, en échange d'une créance de leur valeur,
qui naît au profit de la femme sur la communauté et même subsidiairement sur les biens du mari, du moment où ils ont été livrés à
la communauté (argument de l'art. 587). Il en est de même des meubles qui ont été livrés au mari *sur estimation* sans déclaration que cette
estimation n'en transférait pas la propriété. Cette livraison sur estima-

[1] Duranton. t. XV, n° 20.

tion sans déclaration restrictive, fait présumer la convention tacite entre les époux que le mari est devenu propriétaire des choses qui en étaient l'objet, à charge d'en payer la valeur à sa femme à la dissolution de la communauté (argument de l'art. 1551).

Ces objets, ainsi devenus, par une vente présumée, la propriété du mari, peuvent servir de gage aux créanciers du mari ou à ceux de la communauté, et être vendus par eux.

Mais il n'en est plus ainsi, s'il s'agit de meubles meublants, de pierreries, de linges et d'autres objets qui ont été livrés au mari sans estimation (argument de l'art. 589), ou qui l'ont été avec estimation, mais avec déclaration que cette estimation ne transférait pas la propriété à la communauté ou au mari, ou s'il s'agit de rentes sur l'État ou sur des tiers. Les créanciers du mari, ou ceux de la communauté, ne peuvent les faire saisir ; s'ils le faisaient, la femme serait fondée à exercer la revendication, conformément à l'art. 608 du Code de procédure civile.

Ces propositions ont été établies par M. Duranton, qui est en dissentiment avec M. Toullier sur l'effet qu'il convient de donner à l'estimation des choses non fongibles livrées au mari, sans déclaration que l'estimation n'en vaut pas vente. L'opinion de M. Duranton me paraît devoir être préférée, par la raison que les motifs qui ont dicté l'article 1551, quoique placé au titre du régime dotal, sont parfaitement applicables à l'hypothèse actuelle. Cependant je crois qu'il faut y apporter ce tempérament que s'il paraissait résulter, même indirectement, des termes de l'inventaire ou de l'état du mobilier apporté par la femme mariée sous le régime de la communauté réduite aux acquêts, que l'estimation n'a eu pour objet que de décrire d'une manière exacte le mobilier et d'en empêcher toute confusion ultérieure, il ne faudrait pas attacher à cette estimation l'effet que M. Duranton y attache.

SECTION II.

*De la clause qui exclut de la communauté le mobilier en tout ou en
partie.*

Nous venons de voir quels effets la loi attache à la clause d'un contrat de mariage par laquelle les époux ont déclaré *réduire leur communauté aux acquêts.*

Celle qui exclut de la communauté le mobilier en tout ou en par-
·tie, présente beaucoup de points de contact avec la première, et les
principes qui régissent l'une sont, sous plusieurs rapports, applicables
à l'autre ; aussi M. Toullier les a-t-il traitées sous la même division.
On pourrait le faire sans craindre la confusion ; toutefois j'ai préféré
suivre la division du Code.

Cette clause, dans le langage du Droit, a pris le nom de *clause de
réalisation* ou d'*exclusion du mobilier,* et encore celui de *stipulation de
propres.* Pothier appelle *propres conventionnels* les objets demeurés propres à l'un ou à l'autre des conjoints en vertu de cette clause, par opposition à leurs immeubles, lesquels sont des propres légaux.

« Les époux, dit l'art. 1500, peuvent exclure de leur communauté
« tout leur mobilier présent et futur, »

Quel est l'effet d'une semblable clause ?

Nous avons vu dans la section précédente que la clause de réduction
de la communauté aux acquêts a pour effet d'exclure de la communauté, et les dettes de chacun des époux actuelles et futures, et leur
mobilier présent et futur.

Il est clair, en comparant les deux clauses, que celle d'exclusion de
tout le mobilier présent et futur des époux doit avoir pour l'actif les
mêmes conséquences que celle de réduction de la communauté aux
acquêts : ainsi, tous les effets que le § 2 de l'art. 1498 a attachés pour

6

l'actif à une telle clause, et que j'ai indiqués précédemment, doivent être absolument les mêmes ici.

Mais les conséquences de l'une et de l'autre clauses doivent-elles être les mêmes pour le passif?

Je le crois. Quelles sont en effet les dettes mobilières dont peuvent être chargés les époux en se mariant? Ce sont 1° celles dont étaient grevées les successions, les donations d'objets mobiliers qu'ils ont recueillies; 2° celles qu'ils ont contractées personnellement. Or, quant aux premières, il est impossible d'admettre que les époux ne les déduisent pas de la valeur des objets que les successions qu'ils ont recueillies, ou que les donations qui leur ont été faites leur ont transmis. Ces objets ne sont entrés dans leurs mains qu'avec cette charge, ou plutôt, par application de la maxime : *nulla sunt bona nisi œre alieno deducto*, il n'est entré dans les mains des époux que la valeur de ces biens réduite par les dettes. Si la loi fait entrer dans la communauté légale les dettes dont se trouvent grevées les successions mobilières qui échoient aux époux durant le mariage, c'est parce que, par une disposition expresse, elle avait attribué à cette communauté la propriété de l'actif mobilier des mêmes successions.

Quant aux autres dettes, celles que les époux ont contractées personnellement avant le mariage, il suffit de dire que si le droit commun les met à la charge de la communauté légale, c'est parce que, et pour cela seul que la loi investit cette communauté de la propriété des meubles que les époux possédaient lors de la célébration du mariage. Les personnes qui ont prêté à l'époux ont dû compter sur ce gage pour être payées; et l'époux lui-même, en empruntant, avait compté sur son actif pour remplir ses obligations. Donc, en versant son actif dans la communauté qu'il forme, il est juste qu'il lui transmette aussi les obligations qu'il avait personnellement contractées. Il y a entre ces droits et ces charges une relation parfaite de justice.

Enfin j'ajouterai avec M. Duranton « que lorsque la femme a stipulé « la reprise de ses apports présents et futurs, en renonçant à la com-

« munauté, ce qui, dans les effets, si elle renonce, est la même chose
« que si elle avait réalisé tout son mobilier présent et futur, elle
« n'exerce néanmoins la reprise que sous la déduction de ses dettes
« personnelles que la communauté a acquittées (art. 1514) : donc,
« par la même raison, dès qu'elle se réserve purement et simplement
« son mobilier présent et futur, elle doit être censée aussi s'être char-
« gée de payer ses dettes présentes et futures; la parité de motifs nous
« paraît exacte; et si les deux époux ont réalisé leur mobilier présent
« et futur, chacun d'eux doit être censé avoir entendu payer ses dettes
« actuelles et futures. »

Ces principes devront encore être suivis, mais avec modification
toutefois, quand les époux excluront de leur communauté, non plus
tout leur mobilier présent et futur, mais seulement ou leur mobilier
présent, ou leur mobilier fufur, ou bien encore une partie de leur
mobilier présent et une partie de leur mobilier futur. Dans ces divers
cas, l'époux qui aurait stipulé la clause d'exclusion partielle supportera
personnellement, soit ses dettes antérieures au mariage, s'il s'est réservé propre le mobilier présent; soit ses dettes futures relatives aux
successions mobilières qui lui échoiraient, s'il ne s'est réservé que son
mobilier futur; soit enfin moitié de ses dettes personnelles présentes
et de celles futures relatives aux successions mobilières qui lui échoiraient, s'il s'est réservé moitié de ses meubles présents et futurs.

L'un des conjoints peut exclure une partie de son mobilier de la
communauté, et l'autre y faire entrer la totalité du sien; cela peut
même être un moyen d'établir l'égalité d'apports; et la communauté
ne s'en partagera pas moins par égales portions, à moins de stipulation
contraire.

Par la même raison, l'un des époux peut exclure seulement son
mobilier présent, en tout ou en partie, et l'autre seulement son mobilier futur, aussi en tout ou en partie.

Lorsque l'un des époux stipule, dans le contrat de mariage, qu'une
somme déterminée sera employée en achats d'immeubles, une telle

clause est équivalente à celle par laquelle il stipulerait que la somme lui sera propre. Peu importerait d'ailleurs que la somme à employer en achats d'immeubles fût à prendre sur l'actif mobilier de l'époux, ou qu'elle lui fût donnée par un ascendant, par un parent, ou par un étranger. Et cette somme reste propre à l'époux, alors même que l'acquisition n'aurait pas lieu[1].

La réalisation, telle que celle dont nous venons de voir les effets, est une réalisation expresse. Mais la réalisation peut être tacite, et le second paragraphe de l'art. 1500 a attaché la présomption de *réalisation tacite* à la stipulation d'un contrat de mariage *portant que les époux mettront* réciproquement dans la communauté jusqu'à concurrence d'une somme ou d'une valeur déterminée. Ils sont, par cela seul, dit la loi, *censés se réserver le surplus.*

On a donné à cette clause le nom de *clause d'apport.*

Les conventions de réalisation, formant une exception au droit commun, lequel fait entrer dans la communauté tout le mobilier des époux, doivent être interprétées et appliquées comme le sont toutes les exceptions, c'est-à-dire d'une manière restreinte : c'est ce qui a fait dire d'elles qu'elles sont de droit étroit. Elles ne s'étendent pas d'une chose à une autre.

On conclut de là, que si les époux, ou l'un d'eux, déclarent simplement exclure de la communauté *leur mobilier,* ou se le réserver propre, sans autre explication, ils sont censés n'exclure que le mobilier qui leur appartenait alors; par conséquent le mobilier qui leur adviendra ultérieurement par *donation,* par *succession* ou par *legs,* fera partie de leur communauté.

Il faudrait le décider ainsi, lors même que les conjoints auraient dit : *tout* leur mobilier; car le mot *tout* s'appliquerait fort bien au mobilier actuel, sans qu'il y eût nécessité de l'étendre au mobilier futur.

---

[1] Pothier , n° 317 , 319. M. Duranton , t. XV , n° 28.

A plus forte raison faudrait-il décider, si les parties avaient déclaré exclure de la communauté leur mobilier *futur,* que leur mobilier *présent* est entré dans la communauté.

Le mobilier futur serait exclu, si les époux avaient déclaré, dans leur contrat de mariage, que *leurs biens* à venir leur demeureront propres; car les mots *leurs biens* comprendraient les meubles comme les immeubles, d'autant mieux qu'il n'était pas nécessaire d'exclure de la communauté les immeubles, puisqu'ils l'étaient de droit..

Du principe que les clauses de réalisation sont de droit étroit, il résulte aussi que si les époux s'étaient réservé propre le mobilier qui leur échoirait par *successions,* la convention comprendrait bien le mobilier qui leur serait donné ou légué par les ascendants auxquels ils devaient succéder, mais elle ne s'étendrait pas aux dons ou aux legs qui leur seraient faits par d'autres parents ou par des étrangers.

Mais, si la réalisation du mobilier *qui adviendra par donation,* ne comprend pas celui qui advient aux époux à titre successif, celui qui leur arriverait à titre de *legs* ou de *substitution* y serait compris, le mot *donation* étant un terme général, qui comprend les donations testamentaires aussi bien que les donations entre-vifs[1].

Appliquant à la réalisation tacite ou clause d'apport les principes qu'il appliquait à la clause de réalisation expresse, Pothier (nos 296 et 319) décidait que dans le cas de cet apport, si les parties ont stipulé que le *surplus de leurs biens* leur serait propre, cette clause ne comprend que les biens qu'ils avaient alors; qu'elle ne s'étend pas à ceux qui leur adviennent durant le mariage, soit à titre de succession, soit à titre de donation; et que ce n'est qu'autant que, par une clause expresse du contrat, l'un des époux s'est réservé propre ce qui lui adviendrait par succession, donation ou legs, que l'on doit faire, jusqu'à due concurrence, compensation de la somme qu'il a promis d'apporter à la communauté, avec la reprise qu'il a droit d'exercer sur la

---

[1] Pothier, n° 322. M. Duranton, t. XV, n° 40.

communauté, pour le montant du mobilier qui lui est advenu durant la communauté, à titre de succession, de donation ou de legs.

En un mot, dans le système de Pothier, la *simple* clause d'apport laisse entrer dans la communauté tout ce qui, du mobilier *futur* des époux, n'en a pas été exclu formellement ; et la clause d'apport, avec la réserve expresse de *réalisation du surplus du mobilier*, n'exclut de la communauté que le surplus du mobilier *présent* de l'époux qui a fait l'apport, et non son mobilier *futur*.

Quoique cette décision de Pothier soit une déduction rigoureuse du principe incontestable que les réalisations sont *de droit étroit,* j'hésiterais cependant à l'admettre. Le pronom relatif *en,* qu'on lit dans le second paragraphe de l'art. 1500, paraît se rapporter d'une manière générale *à tout le mobilier* qui était ou qui pouvait devenir un jour la propriété de l'époux qui aurait stipulé l'apport ; et s'il est des clauses dans l'interprétation desquelles il faut prendre pour guide le principe que les réalisations sont de droit étroit, je crois que ce principe est sans application ici, où l'intention du législateur paraît évidente dans le sens que j'adopte.

L'opinion de Pothier a été défendue par M. Delvincourt, mais celle de MM. Toullier et Duranton, sur ce point, me paraît devoir être préférée.

Il faut appliquer au cas de la clause de réalisation du mobilier présent les principes que, dans la section précédente, j'ai dit devoir être appliqués à une créance conditionnelle ou à terme faisant partie de l'actif mobilier de l'un des époux qui se seraient mariés en stipulant dans le contrat la clause de réduction de la communauté aux acquêts. En conséquence, si l'époux qui a stipulé la réalisation du mobilier présent n'acquiert définitivement ou ne reçoit que pendant le mariage, des objets mobiliers qui ne lui étaient dus que conditionnellement ou à terme, en vertu d'un titre antérieur au mariage, ces objets n'en seront pas moins compris dans la réalisation.

Pothier enseigne, n° 323, que lorsque les conjoints ont stipulé propre ce qui leur adviendrait durant le mariage par succession, don, legs, ou autrement, ces termes, *ou autrement*, comprennent le produit des *bonnes fortunes* qui pourraient arriver à l'un ou à l'autre des conjoints durant la communauté, tels que gain de jeu, invention de trésor ou épaves.

J'ai déjà eu occasion de dire que je pensais avec M. Duranton, que ces gains ne doivent pas être propres à l'époux qui les aurait faits pendant l'existence d'un mariage contracté avec la clause de réduction de communauté aux acquêts.

On pourrait peut-être dire qu'en admettant que cela fût vrai pour ce cas (celui de la communauté réduite aux acquêts), il n'en faudrait pas conclure que cela le fût aussi pour le cas d'une réalisation formellement stipulée, et où se trouvent ces termes *ou autrement*, termes qui laissent tant de latitude à l'interprétation. Je crois cependant que la décision doit encore être la même ici.

Et d'abord, il ne peut y avoir de difficulté pour toute espèce de gains que l'industrie, la prévoyance, l'adresse de l'époux qui a stipulé la réalisation ont amenée, le hasard eût-il eu même une part dans le fait qui a procuré ces gains. Ils sont alors évidemment communs. Quant aux gains dont l'obtention est due uniquement au hasard, je crois encore, pour les raisons que j'ai données dans la section précédente, que, nonobstant les termes *ou autrement*, ils doivent être communs.

Ces termes, si l'on s'y attache d'une manière trop littérale, pourraient recevoir une étendue que Pothier n'eût sans doute pas voulu lui-même leur donner. Ne pourraient-ils pas s'appliquer même aux gains qui seraient le résultat de l'industrie, et même aux choses achetées avec les économies faites par les époux sur leurs revenus?

Il faut donc en mesurer le sens et la portée d'une manière raisonnable, et je crois que l'on reste dans le vrai, en disant que les parties contractantes n'ont pas songé à des événements tout à fait inattendus, et qui, lorsqu'ils arrivent, étonnent toujours ceux mêmes qui doivent le plus s'en réjouir; en disant que par ces mots *ou autrement* les parties contractantes n'ont entendu se réserver propre que ce que le cours ordinaire des choses, les lois sur la transmission des biens pourraient faire passer dans leurs mains; ou même en ne les regardant plus que comme mots de style, comme il s'en trouve quelquefois dans les actes, sans que ceux qui les ont écrits en aient bien mesuré la portée, si, venant après ces expressions *successions, dons* ou *legs,* on ne leur trouve plus d'application possible. Dans le doute, d'ailleurs, il faut toujours revenir au droit commun. Or, Pothier l'a dit lui-même, les réalisations sont de droit étroit.

Mais je crois avec Pothier qu'un héritage acquis à rente viagère par l'un des conjoints, durant la communauté, appartient à la communauté, nonobstant la clause du contrat de mariage où se trouveraient les mots *ou autrement,* si la rente était assez forte pour pouvoir être considérée comme le véritable prix de l'immeuble, eût-on même qualifié de donation la transmission du bien désigné dans l'acte qui a constitué la rente viagère.

En effet, ce ne serait réellement pas là un titre d'acquisition purement lucratif; ce serait un contrat d'acquisition avec clause aléatoire. Et si le Code civil a, par son art. 918, donné à une aliénation avec rente viagère le caractère de donation, ce n'a été qu'entre ascendants et descendants, et pour prévenir les avantages indirects qui porteraient atteinte au principe de l'égalité des partages.

La clause par laquelle les époux ont promis qu'ils mettront dans la communauté jusqu'à concurrence d'une certaine somme ou d'une valeur déterminée, rend les époux qui ont fait cette promesse débiteurs de la somme ou de l'objet qu'ils ont promis d'y apporter, et les obligent à justifier de cet apport (1500 et 1501).

De ce que l'époux qui a promis l'apport *est débiteur* de cet apport, il faut déduire les conséquences suivantes :

1° Tant que l'époux n'a pas payé la chose qu'il doit, elle reste à ses risques, et périrait pour lui seul;

2° Le payement qu'aurait fait l'époux, n'aurait éteint son obligation qu'autant qu'il était propriétaire de la chose donnée en payement; et son obligation revivrait, si, par l'effet d'une éviction régulièrement prononcée contre les époux ou volontairement consentie par celui qui avait fait le payement, la chose sortait de la communauté.

3° Il faudrait, au surplus, appliquer à ce payement toutes celles des règles du droit commun relatives au payement qui ne seraient pas incompatibles avec les principes qui régissent l'union conjugale.

Pothier (n° 352), en s'appuyant de l'avis émis par La Thaumassière, dans ses *Questions sur la coutume du Berri,* pensait, contrairement à l'avis de Lebrun, que lorsque les conjoints ont, par leur contrat de mariage, apporté chacun une somme certaine, ou quelque corps certain, pour en composer leur communauté, leurs dettes antérieures au mariage doivent être, par cela seul, censées exclues de la communauté, sans qu'il soit besoin d'une convention expresse de séparation de dettes.

Cette décision de Pothier, parfaitement conforme aux principes du Droit et à l'équité, a été convertie en disposition de loi par l'art. 1511 du Code civil; et quoique cet article soit placé dans la section intitulée : *De la clause de séparation de dettes,* elle n'en est pas moins applicable au cas de la simple clause d'apport formulée sans stipulation expresse de séparation de dettes.

L'art. 1502 détermine le mode suivant lequel doit être justifié le payement des sommes ou des objets que chacun des époux aurait promis d'apporter à la communauté, et il établit avec raison, pour cela, une différence entre la position du mari et celle de la femme.

Le mari ne pouvant se donner quittance à lui-même, l'art. 1502 dispose que l'apport qu'il a promis est suffisamment justifié par sa déclaration portée au contrat de mariage, que son mobilier est de telle valeur.

Quant à la femme, son apport est justifié à l'égard du mari par la quittance que ce dernier lui donne ou à ceux qui l'ont dotée. Toutefois, rien ne s'opposerait à ce que l'on admît, soit à l'égard du mari, soit à l'égard de la femme, toute preuve extrinsèque au contrat de mariage, d'ailleurs en harmonie avec les principes généraux du Droit sur la preuve des obligations ou de leur extinction, pour établir que la promesse de l'apport a été en effet réalisée. Et si j'ai rejeté un tel genre de preuve pour le cas de la clause de réduction de communauté aux acquêts, c'est que l'art. 1499 dispose formellement pour cette hypothèse, qu'à défaut d'inventaire, le mobilier qu'avaient les époux lors du mariage est *réputé acquêt,* en quoi il a clairement dérogé aux règles posées par Pothier.

Ici, au contraire, la loi, sans exiger l'inventaire, dit que l'apport sera *suffisamment* justifié de telle ou telle manière. De ce qu'il l'est *suffisamment,* cela ne veut pas dire qu'il ne puisse l'être autrement. Aussi M. Duranton dit-il, au n° 44 du t. XV de son Cours : « Mais si la « femme ou ceux qui la dotent ont quelque soupçon sur la sincérité « de la déclaration du mari, ils peuvent stipuler qu'il justifiera *ulté-* « *rieurement de telle ou telle manière* de l'existence de son apport. »

Je m'étonne donc que cet auteur ait écrit ailleurs (n° 48) : « La femme « n'aurait pas ce droit (celui de justifier par titre, par témoins ou par « commune renommée la valeur de son mobilier) à l'égard du mobi- « lier qu'elle allèguerait avoir apporté lors du mariage; *elle ne pourrait* « *le prouver que par une reconnaissance du mari, portée dans leur contrat* « *de mariage,* ou dans un *acte* séparé, parce qu'elle ou ceux qui l'ont « dotée auraient à s'imputer de ne l'avoir pas fait constater, ainsi qu'ils « le pouvaient facilement. C'est ce que nous avons dit plus haut *sur le* « *cas de communauté réduite aux acquêts,* n° 18, où nous réfutons l'as- « sertion contraire de M. Toullier. »

Pour moi, je crois que les principes que M. Duranton a posés dans le n° 18 du tome XV de son Cours, ne sont pas applicables au cas réglé par les art. 1500 et 1502; et comme ce dernier article, loin de rejeter une preuve extrinsèque au contrat, et de ne regarder comme propre à justifier l'apport des époux que la déclaration du mari, ou sa quittance insérée au contrat, ou un *acte séparé,* dispose seulement que l'apport est *suffisamment* justifié, j'en conclus que toute preuve, d'ailleurs conforme aux règles du Droit sur la preuve des obligations et de leur extinction, telle que la preuve testimoniale, ou des présomptions graves, précises et accordantes appuyées d'un commencement de preuve par écrit, l'aveu, le refus de serment, pourrait suffire pour justifier l'exécution de la promesse d'apport.

J'admets, avec M. Duranton[1], que la simple déclaration, portée dans un contrat de mariage, *que le mari demeure chargé* du mobilier apporté par la femme, n'équivaudrait pas à une quittance; mais je verrais dans une telle déclaration un commencement de preuve écrite suffisant pour autoriser l'admission d'une preuve testimoniale tendant à justifier qu'en effet le mari a reçu l'apport promis.

On pourrait regarder comme équivalant à une quittance donnée par le mari, la clause du contrat portant que le futur reconnaît les valeurs déclarées par la future ou ceux qui l'ont dotée, et, en outre, qu'il en demeure chargé dès à présent, ou même simplement, qu'il en demeurera chargé par le fait de la célébration du mariage.

Pothier enseignait (n° 290), que les dettes actives qui appartiennent à chacun des conjoints lors du mariage, ne s'imputent sur la somme promise pour l'apport *qu'autant qu'elles ont été réellement payées durant la communauté,* attendu que ce n'est que par le payement qui en est fait durant la communauté que la communauté en profite.

Cette décision me paraît très-équitable et tout à fait conforme à l'esprit des art. 1501 et 1503 du Code civil.

Cependant, M. Duranton ne l'admet qu'avec des restrictions que je ne crois pas fondées.

Il veut que le mari ne puisse être tenu de justifier le recouvrement effectif de celles de ses créances *qui faisaient partie de son apport dans la communauté,* et que cette obligation ne lui soit imposée que pour les créances *dont il voudrait exercer la reprise* en vertu de son contrat

---

[1] M. Duranton, t. XV, n° 46.

de mariage. Il se fonde, pour établir cette distinction, sur ce que le mari aurait le droit de dissiper les créances qui tomberaient dans la communauté et d'en faire la remise, et ajoute que, par conséquent, en supposant qu'il les eût perdues par sa négligence en ne poursuivant pas ses débiteurs, la perte devrait pareillement être supportée par la communauté, comme elle le serait, s'il en avait fait remise aux débiteurs ou s'il les avait données à des tiers.

Ces raisons ne me convainquent pas.

Le mari a le droit de disposer aussi du mobilier autre que les créances, qu'il aurait promis d'apporter, et il faut bien, suivant M. Duranton lui-même, qu'il en justifie l'apport. M. Duranton reconnaît aussi que l'éviction que l'époux qui a stipulé l'apport souffrirait dans tout ou partie de cet apport, l'obligerait à indemniser la communauté. « L'époux, dit-il, est garant de la bonté du payement comme tout débi- « teur, et si la communauté a été évincée de l'objet, il lui doit la garantie. »

Si la loi s'est contentée, pour la justification de l'apport du mari, d'une simple déclaration insérée au contrat de mariage, contenant la quotité de cet apport, elle a nécessairement supposé que cet apport serait composé de choses ayant une valeur réelle, sur laquelle les parties comptaient pour enrichir la communauté, et dont la mise en communauté devrait être effective.

Que si le mari a le droit de faire remise à des tiers des valeurs de la communauté, ce ne peut être que dans le cas de communauté légale, où les époux n'ont pas fait des conventions qui fixaient leurs obligations réciproques, et, comme le dit ailleurs M. Duranton, parce que dans la communauté légale chacun des époux *n'y met que ce qu'il a et avec les droits qu'il a.*

Il serait étrange que quand l'un des époux aurait mis vingt mille francs en communauté, parce que son conjoint avait promis d'en mettre autant, celui-ci pût s'affranchir de son obligation en faisant remise à des tiers de bonnes créances, ou en mettant en communauté des créances mauvaises ou supposées. Ce serait violer la foi des contrats,

détruire les effets d'une convention synallagmatique. Que le mari,
quand il aura rempli ses engagements, puisse dissiper la communauté,
c'est autre chose : la loi veille pour la femme, et lui offre un remède
pour arrêter encore à temps la dissipation entière de la fortune commune. Mais qu'il ait le droit de faire remise des créances dont il avait
promis de faire entrer la valeur dans la communauté, c'est ce que je
nie; et c'est le cas de dire ici, plus que jamais: *nemo liberalis nisi liberatus*. D'ailleurs, la loi le dit expressément, l'époux est débiteur de
son apport : or, un débiteur ne se libère pas en dissipant son bien ,
en en faisant cadeau; il se libère en payant.

Je crois donc qu'à la dissolution de la communauté, on devrait précompter au mari sur sa part dans cette communauté, la valeur des
créances comprises dans son apport, qu'il aurait laissées s'éteindre par
sa négligence, de celles dont il aurait fait remise aux débiteurs, de celles
qui n'étaient que fictives, ou enfin de celles dont il n'aurait pu opérer
le recouvrement, soit à cause de l'insolvabilité des débiteurs antérieure
au mariage, soit parce que ceux-ci avaient à lui opposer des exceptions
de compensation ou d'extinction antérieures au mariage, ou qui, bien
que postérieures, le concerneraient personnellement.

Pothier fait, lui, entre les créances de la femme et celle du mari
une distinction que j'approuve, et que je crois qu'il faudrait encore
faire aujourd'hui. « Observez, dit-il (n° 290), une différence à cet égard
« entre les dettes actives du mari et celles de la femme; le mari, pour
« pouvoir imputer sur la somme qu'il a promise pour son apport les
« dettes actives qu'il avait lors de son mariage, est tenu de justifier
« qu'elles ont été payées durant la communauté, soit par des contre-
« quittances qu'il aurait tirées des débiteurs, soit au moins par un
« journal non suspect; au contraire, la femme n'est pas chargée de
« prouver que les dettes actives qu'elle justifie lui avoir appartenu lors
« de son mariage lui ont été payées durant la communauté. Si le mari
« ne justifie pas par des diligences faites à temps contre les débiteurs
« qu'il n'a pu en tirer payement, il n'est pas recevable à alléguer qu'elles

« n'ont pas été payées durant la communauté, puisque c'est lui qui a
« dû en procurer le payement ; c'est pourquoi ces dettes doivent être
« en ce cas réputées avoir été payées durant la communauté, et elles
« doivent en conséquence être imputées sur la somme promise par la
« femme pour son apport. »

Il ne faudrait pas appliquer au régime de la communauté conventionnelle la disposition de l'art. 1569, qui porte, que si le mariage a
duré dix ans depuis l'échéance des termes pris pour le payement de la
dot, la femme ou ses héritiers pourront la répéter contre le mari après
la dissolution du mariage, sans être tenus de prouver qu'il l'a reçue,
à moins qu'il ne justifie de diligences par lui faites inutilement pour
s'en procurer le payement.

Cette disposition, placée au chapitre du régime dotal, n'est pas con ·
ciliable avec les principes posés par les art. 1501 et 1502, sur le mode
de justification des apports promis par les époux sous le régime de la
communauté conventionnelle.

Si les époux ont exclu de leur communauté tout ou partie de leur
mobilier futur, ils ont chacun le droit d'en exercer la reprise à la dissolution de la communauté, mais ils sont obligés de justifier la quotité et la valeur de ce mobilier. Cette justification est soumise à des
règles différentes, suivant qu'elle a pour objet du mobilier échu au
mari, ou du mobilier échu à la femme.

Le premier a toujours plus de facilité pour remplir les formalités
qui doivent établir cette justification ; aussi la loi s'est-elle montrée à
son égard plus exigente et plus sévère qu'à l'égard de la femme. Elle
veut qu'il ne puisse exercer la reprise du mobilier qui lui serait échu
pendant le mariage, s'il ne produit à l'appui de sa demande en reprise
un *inventaire* ou un *titre* propre à justifier la consistance et la valeur
de ce mobilier.

La femme, au contraire, peut, par des raisons de différente nature,
avoir omis de remplir la formalité d'un inventaire, ou de faire rédiger
un titre justificatif de la valeur du mobilier qui lui échoirait. D'ail-

leurs, son mari, comme administrateur, devait le faire pour elle, et s'il l'a omis, elle ne doit pas en souffrir. La loi l'autorise donc à suppléer par la preuve testimoniale et par la commune renommée à un inventaire ou à un titre écrit.

La preuve par commune renommée n'est toujours, en définitive, qu'une preuve testimoniale; seulement, les indications, les renseignements que fournissent les témoins dans une preuve de ce genre peuvent avoir un caractère de généralité, de vague, que n'admettrait pas une preuve testimoniale proprement dite. Pour celle-ci, les indications doivent être précises, spéciales, et le juge, en appréciant la demande, n'aurait pas, avec les éléments d'une preuve testimoniale, la même latitude que celle qu'il aurait avec les données d'une preuve par commune renommée. Ce droit accordé à la femme, passe à ses héritiers, qui pourraient, comme elle, suppléer à l'inventaire et aux titres écrits, par la preuve testimoniale et par celle résultant de la commune renommée.

Ajoutons avec M. Duranton, n° 48, que, soit qu'il s'agit de mobilier apporté lors du mariage par le mari lui-même ou par la femme, si celui des époux qui l'a apporté laissait des enfants d'un précédent mariage, et qu'il résultât de la confusion de ce mobilier dans la communauté, en faveur du nouvel époux, un avantage plus grand que la loi ne le permettait, les enfants du premier lit pourraient prouver la consistance et valeur de ce mobilier, tant par titres que par témoins, et faire ainsi réduire l'avantage (1496 et 1527); car l'époux, ayant enfants, n'a pu faire indirectement ce que la loi lui défendait de faire directement.

Cette justification de la consistance et de la valeur du mobilier étant faite suivant les distinctions que je viens d'établir, il reste à savoir comment chacun des époux fera le prélèvement du mobilier qui a été l'objet de la clause de réalisation. J'ai déjà eu l'occasion de poser dans la section précédente des règles, qui sont en tous points applicables au mode de ce prélèvement : je dois me borner à les rappeler sommairement ici.

Ainsi, je dirai encore que si dans le mobilier qui a été réalisé par les époux, il se trouvait des choses qui se consomment par l'usage qui s'en fait, comme des denrées, des marchandises, de l'argent, la communauté est devenue propriétaire de ces objets en échange d'une créance égale à leur valeur et qui est créée au profit de l'époux au moment de l'apport de ces objets dans la communauté; qu'il en est de même des meubles qui ont été livrés au mari *sur estimation,* sans déclaration que cette estimation n'en transférait pas la propriété. Qu'en conséquence, l'époux qui a fait l'apport exerce son prélèvement à l'égard de ces divers objets, en prenant dans l'actif mobilier une somme égale à la valeur qu'ils avaient au moment de la livraison. Mais que pour les choses qui ne se consomment pas par l'usage, telles que les meubles meublants, les diamants, les tableaux, la vaisselle d'or et d'argent, et qui ont été livrées sans estimation, ou qui, bien que livrées avec estimation, l'ont été avec déclaration que cette estimation n'en vaut pas vente, l'époux qui en a fait l'apport en est resté propriétaire, et doit par conséquent les reprendre en nature s'ils existent; s'ils ont été vendus, il reprend le prix de la vente, sauf indemnité pour la femme dans le cas où les objets étaient à elle, et où ils auraient été vendus, sans son consentement, au-dessous de leur valeur.

Cette règle est applicable aussi aux contrats de rente, aux inscriptions sur le grand-livre de la dette publique, aux actions de la banque de France, et autres fonds publics appartenant à l'un ou à l'autre des époux, ainsi qu'aux créances ordinaires sur des tiers, et qui n'auraient pas encore été payées au moment de la liquidation de la communauté; sauf, à l'égard des créances de la femme, le recours de celle-ci contre son mari ou ses héritiers, s'il les a laissées dépérir par sa faute ou par sa négligence[1].

[1] M. Duranton, t. XIV, n° 318 ; t. XV, n° 49.

SECTION III.

De la clause d'ameublissement.

La communauté de biens entre époux, telle que l'ont constituée nos anciennes coutumes et, après elles, le Code civil, est loin de répondre à l'idée d'une communauté parfaite.

Des biens que possédaient les époux en se mariant, les meubles seuls enrichissent la communauté, et de ceux qui arrivent dans leurs mains pendant le mariage, ceux-là seuls y entrent (outre le mobilier toutefois), qu'ils achètent des deniers communs.

Il est impossible de ne pas voir là un reflet soit des principes du régime dotal, soit des principes politiques qui, en France, voulaient la conservation des biens dans les familles dans un intérêt autre que l'intérêt privé; car pourquoi la communauté de meubles et non celle d'immeubles? Si le seul produit du travail commun devait être commun, les meubles propres des époux ne devaient pas plus que les immeubles faire partie de la communauté.

Quoi qu'il en soit, les immeubles que possèdent les époux en se mariant, et ceux qui leur échoient durant le mariage, restent étrangers à la communauté : c'est là le droit commun.

Mais pour cela, comme pour les intérêts dont le règlement est l'objet des deux premières sections de ce titre de la loi, la convention des parties peut modifier la volonté du législateur : les époux peuvent, par des accords rédigés avant le mariage, dans la forme que j'ai indiquée, faire entrer dans la communauté telle que l'a limitée la loi, tout ou partie de leurs immeubles, soumettre ces immeubles aux règles auxquelles sont soumis, quant à leur propriété, ceux qui seraient achetés des deniers communs; en un mot, ils peuvent, suivant le langage de la loi, *ameublir* ces immeubles. La convention qui produit cet effet a pris le nom de *clause d'ameublissement*, et les biens qui en sont l'objet, celui de *propres ameublis*.

La clause d'*ameublissement* a été ainsi nommée, dit Pothier, parce qu'elle fait entrer dans la communauté ces immeubles de la même manière que les meubles y entrent, *et qu'elle donne au mari sur eux le même pouvoir que celui qu'il a sur les meubles.*

Cela n'est pas complétement exact; car le pouvoir du mari pour disposer des immeubles ameublis n'est pas aussi étendu que celui qu'il a pour disposer du mobilier qui fait partie de la communauté. La clause d'ameublissement donne seulement au mari sur les immeubles qui en sont l'objet, les mêmes droits que ceux qu'il a sur les immeubles acquis en commun.

Pothier pouvait donc se borner à dire que la clause d'ameublissement a été ainsi nommée, parce qu'elle fait entrer dans la communauté les immeubles sur lesquels elle porte, de la même manière que les meubles y entrent.

On divise les ameublissements en *généraux* et en *particuliers*, en *déterminés* et en *indéterminés*. Les deux premiers appartiennent à la doctrine; les deux derniers sont définis par le Code.

C'est un ameublissement général que celui par lequel un futur époux fait entrer dans la communauté tous ses immeubles présents et futurs, ou seulement tous ses immeubles présents, ou tous ses immeubles futurs. La société universelle de biens, autorisée entre époux par l'art. 1526 du Code civil, produit l'un et l'autre de ces ameublissements.

L'ameublissement est particulier, lorsqu'un futur époux promet d'apporter à la communauté non l'universalité de ses immeubles, ou une quote-part de cette universalité, mais un ou quelques immeubles particuliers.

Cet ameublissement particulier est déterminé ou indéterminé.

L'art. 1506 du Code civil définit l'un et l'autre.

Ce qui constitue le caractère de l'ameublissement déterminé, c'est que l'immeuble ou les immeubles qui en sont l'objet, ont été désignés par l'époux qui l'a fait; de telle sorte que l'on peut, dès qu'il a eu lieu, reconnaître, à l'aide de cette désignation, soit nominative, soit générale, l'immeuble ou les immeubles qui en sont frappés. Ainsi, la clause par laquelle je fais entrer dans la communauté ma maison de Paris, ou mes immeubles de Normandie, forme un ameublissement particulier déterminé.

Ce qui fait le caractère de l'ameublissement indéterminé, c'est que les immeubles qui en sont l'objet n'ont été nullement désignés; de sorte que, lorsqu'il s'agira d'exécuter la clause d'ameublissement, elle pourra recevoir son exécution avec des immeubles, ou qui n'étaient pas connus des parties, ou qui même n'étaient pas encore en leur pouvoir quand elles ont stipulé l'ameublissement.

Ainsi, c'est un ameublissement indéterminé, que celui par lequel je fais entrer en communauté mes immeubles jusqu'à concurrence d'une certaine somme.

Les effets de l'un et de l'autre ameublissement sont différents. L'ameublissement déterminé lui-même ne produit pas toujours des effets semblables. Ces effets seront plus ou moins étendus, selon que l'ameublissement aura porté sur la totalité d'un ou de plusieurs immeubles, ou selon qu'il aura été fait jusqu'à concurrence d'une certaine somme.

Ainsi, si tel ou tels immeubles ont été ameublis en totalité, le mari peut en disposer comme il pourrait disposer des autres immeubles de la communauté, c'est-à-dire les hypothéquer et les aliéner en totalité.

Si l'immeuble ou les immeubles désignés n'ont été ameublis que pour une certaine somme, le mari ne peut les aliéner qu'avec le consentement de sa femme; mais il peut les hypothéquer sans son consentement jusqu'à concurrence seulement de cette somme (1507).

Mais un effet qui est commun à l'un et à l'autre de ces ameublissements déterminés, quelle que soit leur étendue, quels que soient les termes dans lesquels ils ont été conçus, c'est que l'immeuble ou les immeubles qui en sont frappés, deviennent biens de la communauté comme les meubles mêmes (1507, § 2).

Nous verrons plus tard quelles conséquences il faut tirer de là.

Les dispositions des art. 1506 et 1507 ont été de la part de M. Duranton l'objet d'une critique sévère. Il les accuse d'être *incomplètes, fautives, inexactes et de créer des conséquences contradictoires avec celles résultant de l'art.* 1508.

Je crois que M. Duranton s'est montré beaucoup trop sévère dans sa critique, et qu'en cherchant à démontrer l'erreur dans la loi, il y est tombé lui-même. Je crois aussi qu'il a fait une chose que ne peut jamais se permettre un commentateur : c'est de mettre de côté des textes clairs de loi, pour donner libre carrière à ses conjectures et à ses opinions.

Aussi le verrons-nous, après s'être efforcé de torturer la loi pour en faire sortir ce qui n'y est pas, tomber dans des contradictions dont certes un jurisconsulte aussi éminent devait se garantir.

Je passerai à M. Duranton que la rédaction du § 2 de l'art. 1506 peut être qualifiée d'incomplète, en ce qu'il y devait dire qu'il y aurait ameublissement *déterminé,* soit quand l'époux déclarerait ameublir *un tel* immeuble, soit quand il déclarerait ameublir *tels* ou *tels immeubles.* Je ferai seulement remarquer que je ne crois pas qu'il se trouvât jamais un jurisconsulte méritant ce nom qui osât prétendre que, si l'ameublissement avait porté sur *plusieurs immeubles* désignés, au lieu de porter sur un, ce ne serait pas un ameublissement déterminé. Ces mots *un tel immeuble* ne peuvent induire personne en erreur, et pour quiconque ne voudra pas ridiculement chicaner sur les mots, ils auront réellement la même valeur que ceux-ci : *tel ou tels immeubles,* qui, selon le vœu de M. Duranton, devaient se trouver dans la loi.

Je crois aussi, pour mon compte, que le mot *ameublir,* qui se trouve dans le § 1er de l'art. 1506, signifiant assez par lui-même *mettre en communauté,* ne devait pas être suivi de ceux-ci : et *mettre en commu-*

nauté, ou qu'au moins il devait se trouver lié à eux par la disjonctive *ou,* et non par la conjonctive *et;* car la phrase rédigée comme elle l'est présente un pléonasme.

Mais ce que je ne puis accorder à M. Duranton, c'est que *la convention par laquelle l'un des époux met dans la communauté un tel immeuble seulement jusqu'à concurrence d'une telle somme, ne soit pas réellement un ameublissement,* comme il le soutient, n° 65, t. XV.

D'abord le texte de l'art. 1506 dit positivement le contraire; il l'appelle avec raison *ameublissement déterminé;* et, à moins de rayer cette disposition du Code, je ne crois pas que l'on puisse être de l'avis de M. Duranton.

Mais serait-il vrai, comme le soutient cet auteur, que le *seul* effet que la loi attribue à l'ameublissement d'un ou de plusieurs immeubles désignés jusqu'à concurrence d'une certaine somme fût celui d'autoriser le mari à les hypothéquer pendant l'existence de la communauté, et, après la dissolution, d'obliger l'époux qui a fait l'ameublissement à comprendre dans la masse *des immeubles indistinctement* d'une valeur égale à la somme jusqu'à concurrence de laquelle des immeubles désignés ont été ameublis? En d'autres termes, est-il vrai que l'ameublissement déterminé, défini par le § 2 de l'art. 1507 en ces termes : *ou jusqu'à concurrence d'une certaine somme,* n'a d'autres effets que ceux de l'ameublissement indéterminé, fixés par l'art. 1508[1]?

M. Duranton se trompe évidemment en avançant cela. D'abord le § 1er de l'art. 1506, combiné avec le § 2 de l'art. 1507, attribue certainement à un tel ameublissement l'effet de rendre la communauté propriétaire de l'immeuble ou des immeubles désignés, qui ont été ameublis même jusqu'à concurrence seulement d'une certaine somme; et on ne pourrait encore être ici de l'avis de M. Duranton sans être obligé de rayer ces dispositions du Code.

Comment M. Duranton peut-il dire que l'ameublissement déterminé,

[1] M. Duranton, t. XV, n° 61.

fait jusqu'à concurrence d'une certaine somme, n'a d'autre effet que celui attaché par l'art. 1508 à l'ameublissement indéterminé?

Est-ce qu'il serait au pouvoir de l'époux qui a nominativement désigné les immeubles qu'il voulait ameublir, de donner, à la place de ces immeubles, des immeubles quelconques à la communauté, comme il pourrait le faire s'il n'avait consenti qu'à un ameublissement indéterminé? En vertu de quelle loi pourrait-il donc avoir une option semblable et manquer à sa promesse? Non, quand un époux a dit à l'autre : je promets de mettre dans la communauté, à sa dissolution, un *tel* immeuble jusqu'à concurrence de telle somme, il n'a pas le droit de discéder de cet engagement en fournissant des immeubles *quelconques* jusqu'à concurrence de la somme promise. C'est l'immeuble promis qui devra, à la dissolution, entrer dans la masse, ou pour une partie ou pour le tout, et la communauté en sera, suivant l'estimation, investie alors *définitivement* pour partie ou pour le tout ; tandis que jusqu'à sa dissolution elle n'en était propriétaire que sous certaine condition, la défense au mari de l'aliéner.

Sans doute, l'effet d'un ameublissement déterminé fait seulement jusqu'à concurrence d'une certaine somme, est moins étendu que celui de l'ameublissement de *tout* un immeuble, sans restriction. Mais il ne l'est qu'en ce sens que le mari n'aura pas le droit d'aliéner, pendant le mariage, sans le consentement de la femme, l'immeuble ou les immeubles qui en sont l'objet. Voilà tout ce que dit le § 3 de l'art. 1507. Mais soutenir, contre le texte clair du premier paragraphe de cet article, que la communauté n'est pas, jusqu'à concurrence de la valeur promise, propriétaire de l'immeuble ou des immeubles qui ont fait l'objet de cet ameublissement, c'est par trop fort.

Aussi voyez dans quelles contradictions son système d'interprétation va jeter M. Duranton. On l'a déjà entendu s'étonner « que les rédac-« teurs du Code aient pu voir un ameublissement déterminé dans « l'ameublissement de *tel ou tels immeubles fait seulement jusqu'à con-« currence d'une certaine somme,* pour ne lui donner *que l'effet de l'a-*

« *meublissement indéterminé tel qu'ils l'ont décrit dans l'art.* 1508. Maintenant (n° 65), obligé cependant de donner un nom à une pareille convention, nous l'entendons dire : « Ce n'est pas un ameublissement, « c'est seulement *un assignat* limité, limité à cet immeuble. » Le nom qu'il veut donner à cette clause n'est pas heureux, et j'aime autant le mot *ameublissement,* que je ne repousserais qu'autant qu'il serait incompatible avec l'idée que nous donne de la chose signifiée par ce mot, la définition qui s'en trouve dans l'art. 1506. Or, je ne vois pas qu'il soit impossible d'admettre qu'un époux désigne un ou plusieurs de ses immeubles pour entrer dans la communauté jusqu'à concurrence d'une somme qu'il fixe. C'est comme s'il disait : je mets dans la communauté la portion de tel ou tel immeuble qu'une estimation déterminera devoir y entrer à sa dissolution. Cette estimation fixera le rapport qui existera entre telle ou telle portion de ces immeubles et la valeur pour laquelle je promets de les faire entrer en communauté.

Après avoir nié que l'ameublissement fait jusqu'à concurrence d'une certaine somme en soit un, après lui avoir donné un nom qui ne se trouve pas dans le vocabulaire du Code, après avoir dit que *l'assignat limité* ne produit d'autres effets que celui qu'attribue l'art. 1508 à l'ameublissement indéterminé, M. Duranton dit à peu près le contraire un peu plus loin, n° 68. Je regrette que les limites qu'il faut que je donne à cette dissertation m'empêchent de citer textuellement le passage où se trouvent ces contradictions.

Je dois m'étonner que M. Duranton, qui admet dans ce passage la conséquence que l'immeuble ameubli, même jusqu'à concurrence d'une certaine somme, périt pour la communauté, n'admet pas aussi le principe qui est le fondement de cette conséquence. Comment peut-il nier que la communauté devienne propriétaire de partie de l'immeuble ameubli jusqu'à concurrence d'une certaine somme, quand il est de principe que ce n'est que pour le maître que la chose doit périr ?

L'ameublissement fait de cette manière a un autre effet que celui que l'art. 1508 attribue à l'ameublissement indéterminé; car dans le cas de

l'ameublissement indéterminé, l'époux qui a promis d'ameublir des immeubles, sans désignation, jusqu'à concurrence d'une certaine somme,
ne demeure libéré qu'autant qu'il a donné à la communauté des immeubles pour cette somme, tous ceux qu'il possédait à la dissolution
fussent-ils venus à périr. La raison de cela est simple, c'est qu'il ne devait
pas dans ce cas de corps certain; au lieu que dans l'ameublissement
déterminé il en devait un.

Ici nous marchons d'un pas ferme, éclairés, conduits par les principes. Mais sur quels principes M. Duranton peut-il se fonder pour
déclarer l'époux libéré de son obligation par la perte de la chose
ameublie, tout en niant que la communauté devienne propriétaire de
l'immeuble ameubli jusqu'à concurrence d'une certaine somme?

Dira-t-on qu'il est étrange que la communauté soit propriétaire de
la partie ameublie de l'immeuble sur lequel a porté la clause d'ameublissement jusqu'à concurrence d'une certaine somme, et que le mari
ne puisse pourtant aliéner même cette partie, qu'il ne puisse que l'hypothéquer? Sans doute, c'est là une restriction aux effets généraux de
l'ameublissement; mais cette restriction est écrite dans la loi, et le législateur avait bien le droit de la poser. Rien n'empêcherait, du reste,
les parties de convenir du contraire, et leur convention à cet égard
devrait recevoir son effet. Leur silence seulement fait présumer qu'elles
se sont soumises aux règles de l'ameublissement, telles qu'elles sont
fixées par la loi. On peut d'ailleurs justifier par de très-bonnes raisons cette restriction apportée au pouvoir du mari sur l'immeuble
qui a fait l'objet d'un tel ameublissement. La femme peut avoir intérêt
à ce que la propriété qu'elle a ameublie ne soit pas divisée pendant le
mariage, qu'elle ne devienne pas l'objet d'une vente par licitation.

En résumé, la mise en communauté d'un ou de plusieurs immeubles
désignés, avec déclaration qu'ils n'y sont mis que jusqu'à concurrence
d'une certaine somme, constitue un véritable ameublissement; c'est un
ameublissement *déterminé*, ressemblant sous certains rapports à l'a-
meublissement de la totalité d'un immeuble ou de plusieurs immeubles

désignés, et en différant sous un autre. Il ressemble à l'ameublissement déterminé pur et simple, en ce que 1° la communauté devient propriétaire des immeubles, jusqu'à concurrence de la portion correspondante à la somme pour laquelle l'ameublissement a été fait ; 2° en ce que si ces immeubles périssaient, l'époux qui a fait l'ameublissement serait libéré ; 3° en ce que cet époux ne pourrait, à la dissolution de la communauté, y faire entrer contre le gré de son conjoint, un immeuble ou des immeubles autres que ceux qui ont été spécialement désignés. Mais il diffère de l'ameublissement déterminé pur et simple, en ce que dans celui-ci le mari a le droit de disposer des immeubles ameublis, comme il aurait le droit de disposer des autres immeubles achetés en commun ; tandis que son pouvoir pendant le mariage est restreint à l'égard des immeubles ameublis jusqu'à concurrence d'une certaine somme, au droit d'hypothéquer ces biens pour une valeur égale à celle de l'ameublissement stipulé.

M. Toullier, qui s'est étonné aussi, comme l'a fait M. Duranton, que les rédacteurs du Code aient appelé *ameublissement déterminé* une semblable clause, mais qui ne va pas jusqu'où est allé M. Duranton, a émis sur l'art. 1507 une opinion que je ne puis admettre non plus, et qui a été avec raison critiquée par M. Duranton. Suivant M. Toullier, l'ameublissement dont il s'agit, quoique n'étant pas déterminé, serait cependant déterminable, en ce sens, qu'au moyen d'une prisée de l'immeuble et d'une délimitation d'une partie de cet immeuble jusqu'à concurrence de la somme convenue, faite contradictoirement avec la femme, cette partie entrerait dans la communauté, et le mari pourrait la vendre sans avoir besoin pour cela du consentement de la femme, et même contre son gré.

Il ne faut pas de grands efforts pour démontrer ce que cette proposition a d'erroné, et je dirai avec M. Duranton :

« Bien certainement, si la femme, en faisant un tel ameublissement,
« avait stipulé que le mari ne pourrait sans son consentement, vendre
« l'immeuble pour aucune portion, cette stipulation, très-licite, puisque

« la femme pouvait même ne pas faire d'ameublissement du tout,
« recevrait son exécution ; or, connaissant l'étendue des pouvoirs que
« l'art. 1507 conférait au mari dans le cas de l'ameublissement dont
« il s'agit, c'est comme si elle avait fait cette stipulation. »

Qui croirait que c'est le même auteur qui a nié que la mise en
communauté de tel ou tels immeubles jusqu'à concurrence d'une
certaine somme, fût un ameublissement déterminé, qui a écrit ces
lignes !

Quoi qu'il en soit, l'art. 1507 borne le pouvoir du mari dans ce cas
à consentir des hypothèques sur les biens ameublis en partie ou jusqu'à
concurrence d'une certaine somme ; aucune disposition de loi n'autoriserait le mari à faire estimer les immeubles ameublis pour les faire
attribuer à la communauté et en disposer pour la partie qui serait
délimitée et estimée au prix de la somme fixée par le contrat : la demande qu'en ferait le mari devrait donc être rejetée.

D'après ce que je viens d'établir, ou comprend facilement que je
ne puis admettre non plus l'opinion de M. Duranton, lorsqu'il professe
que l'ameublissement qui a eu lieu sur une portion déterminée d'un
immeuble donne au mari le droit de vendre, sans le consentement de
sa femme, *la portion ameublie*. M. Delvincourt avait avec raison enseigné le contraire, en se fondant 1° sur ce que ces mots *portion ameublie*, qui se trouvent dans l'art. 1507, indiquent assez que le législateur
a entendu assimiler l'ameublissement partiel à celui qui est fait jusqu'à
concurrence d'une certaine somme ; 2° Sur ce que l'esprit général du
Code est d'éviter, autant que possible, de faire des propriétés indivises ;
3° enfin sur ce que, comme j'ai déjà eu l'occasion de le dire, ce serait
donner au mari le droit de forcer la femme à vendre même la portion
ameublie, soit en poursuivant lui-même la licitation, soit en vendant
la portion ameublie à un tiers qui la poursuivrait, ce que le Code a
eu raison d'empêcher dans l'intérêt de la femme.

Enfin, l'art. 1507, en restreignant pour le mari le droit d'aliéner les
immeubles ameublis au cas où ils l'ont été *en totalité* a, par là

même, implicitement décidé qu'il n'aurait pas ce droit, si les immeubles n'avaient été ameublis que pour une portion seulement.

Je crois cependant avec M. Duranton qu'il en serait autrement dans le cas où la femme aurait ameubli, non pas une portion, comme le quart, le tiers, la moitié *d'un corps de bien*, d'une *maison* ou de *tout autre immeuble dont la division ne serait pas possible sans une vente ou sans un partage en forme*, mais une certaine quantité de mesures à prendre dans un champ, dans une vigne, dans une forêt ou dans un pré. Le mari, en ce cas, pourrait non-seulement faire désigner la situation des mesures à prendre dans le tout, et aliéner ces mesures après la détermination et la délimitation, mais il pourrait aussi vendre de suite la quantité de mesures ameublie, sauf à l'acquéreur à la faire déterminer avec la femme.

A ce cas ne s'appliquent pas, je crois, les motifs qui ont pu déterminer le legislateur à restreindre au seul droit d'hypothéquer celui résultant, pendant le mariage, en faveur du mari, de l'ameublissement d'un immeuble désigné, fait jusqu'à concurrence d'une certaine somme.

Nous avons vu, dans la section précédente, que la clause de réalisation est de droit étroit, ce qui lui donne l'effet de n'exclure de la communauté que le mobilier qui a été clairement compris dans cette réalisation. La clause d'ameublissement est aussi de droit étroit, ce qui, en sens inverse, lui attribue l'effet de ne faire tomber dans la communauté que ceux des immeubles qui ont été clairement l'objet de l'ameublissement. L'un et l'autre effet est fondé sur ce principe que toute dérogation au droit commun doit être restreinte dans les limites formellement tracées par la loi ou par la convention des parties. Or le droit commun est la propriété pour la communauté des meubles des époux; et le droit commun pour les immeubles est la conservation de la propriété à celui des époux auquel ils sont propres.

Je tire de là la conclusion que l'ameublissement fait par l'un des époux de *tous* ses immeubles, ou par tous les deux de *tous* leurs immeubles, sans autre explication ni addition, ne comprend que les immeubles qu'ils possèdent au moment où ils font l'ameublissement, et non ceux qui leur écherront par la suite.

Le deuxième alinéa de l'art. 1542 nous offre une application de ce principe, en disposant que la constitution de la dot, en termes généraux, de *tous* les biens de la femme, ne comprend pas les biens à venir. C'est que le régime dotal est aussi en France un régime exceptionnel : le droit commun pour ce pays est, comme nous l'avons vu, le régime de la communauté telle quelle a été déterminée par la loi.

Pothier professait ces principes et ne croyait pas applicable à ce cas la loi 3, § 1er, au Digeste, *pro socio,* suivant laquelle la société de *tous* biens comprenait les biens à venir : « *quum specialiter omnium bonorum societas coita est, tunc et hæreditas et legatum et quod donatum est aut quâquâ ratione acquisitum, communioni acquiretur.*

Les raisons que donne M. Toullier pour prouver que, sous l'empire du Code, on doit s'écarter de la décision de Pothier, ne m'ont pas convaincu.

L'un des époux pourrait ameublir ses immeubles, ou quelques-uns de ses immeubles, et l'autre conserver les siens propres ; et la communauté, sauf clause contraire, ne s'en partagera pas moins par portions égales, sans que l'époux qui a fait l'ameublissement ait le droit de prélever sur la masse partageable les immeubles ameublis, ou leur valeur, dans le cas où ils auraient été aliénés[1].

L'un des époux peut ameublir ses immeubles présents et l'autre ses immeubles futurs seulement ; l'un, tous ses immeubles présents et à venir, l'autre une quotité seulement de ses immeubles présents et à venir, ou même un tel immeuble uniquement ; l'un peut faire un ameublissement déterminé, l'autre un ameublissement indéterminé seulement.

Ces divers modes d'ameublissement peuvent être un moyen d'établir l'égalité des apports, de faciliter la conclusion de conventions matrimoniales, et sont protégés par la disposition de l'art. 1387, qui

[1] M. Duranton, t. XV, n°s 54 et 55.

autorise les époux à faire toutes conventions comme ils le jugent à propos, pourvu qu'elles n'aient rien de contraire aux bonnes mœurs, et aux lois d'intérêt général.

Si la femme avait simplement déclaré mettre dans la communauté la moitié du prix à provenir de la vente de tel immeuble, et non la moitié elle-même de l'immeuble, sans donner d'ailleurs au mari par le contrat le pouvoir de vendre, le mari ne pourrait aliéner le fonds sans le consentement de la femme, même pour la moitié seulement; car la propriété entière de cet immeuble serait restée dans la main de la femme. Mais si elle ne voulait pas donner son consentement à la vente, le mari pourrait obtenir contradictoirement avec elle, ou elle dûment appelée, jugement, qui l'autoriserait à vendre soit la moitié, soit même la totalité de l'immeuble, si le produit de la vente de la totalité devait être, relativement, très-considérable, ce qui s'estimerait d'après les circonstances. Il faut en effet que la femme remplisse son engagement[1].

M. Duranton enseigne (n° 74) que dans le cas d'ameublissement d'un immeuble de la femme jusqu'à concurrence d'une certaine somme, « comme la femme est obligée d'effectuer l'apport qu'elle a « promis, et que ce n'est pas seulement à la dissolution de la commu- « nauté qu'elle doit le faire, mais bien aux termes convenus, s'il en a « été pris, et de suite dans le cas contraire, le mari, si elle ne l'effectue « pas, *peut obtenir condamnation contre elle et faire vendre ses biens, jus-* « *qu'à concurrence de la somme nécessaire pour le payement de l'apport.* « *La somme promise,* ajoute-t-il, peut être plus avantageuse au mari « pour ses affaires ou pour son commerce, que *la jouissance des biens* « *de la femme nécessaires au payement de cette somme,* et ce n'est pas « pour le temps où la communauté n'existerait plus, que la femme a « promis de l'apporter; elle a promis de l'apporter à la communauté, « par conséquent de suite, si elle n'a pas pris de termes pour le paye- « ment. »

[1] M. Duranton, t. XV, n° 66.

Cette proposition renferme beaucoup d'erreurs. Aussi, pour l'établir, M. Duranton s'est-il vu dans la nécessité de commencer par défigurer le texte de la loi.

Ne voulant voir dans une telle clause qu'une convention *d'apport de somme* avec des effets *un peu plus étendus* que ceux de l'apport ordinaire, ne voulant y voir que ce qu'il appelle un apport *avec assignat* sur un immeuble, il fait disparaître du texte les mots *portion ameublie,* qu'il appelle mots impropres, pour leur substituer ceux de *somme convenue.* Cette manière d'interpréter la loi peut être commode, mais elle veut être reçue avec défiance. M. Duranton oublie que le mot *ameublissement* ne signifie pas apport de somme, mais apport *d'immeuble.* Il n'a donc pas vu, qu'en appelant lui-même cette clause une *clause d'ameublissement,* il condamnait son système d'interprétation? Faut-il s'étonner qu'ici encore il soit obligé de s'ingénier avec effort pour établir des distinctions entre la simple clause d'apport et celle qu'il appelle *clause d'apport avec assignat ;* de faire de subtils raisonnements comme ceux qu'il a faits ailleurs, pour nous en montrer les différences, différences dont je n'aperçois la trace dans aucun texte de loi?

Quoi qu'il puisse dire, une clause d'ameublissement ne sera jamais *une clause d'apport d'argent,* quelque étendue qu'il veuille lui donner, de quelque manière qu'il veuille en assurer l'exécution. *Ameublissement* et *apport de somme* sont deux mots qui ne peuvent se suppléer. M. Duranton est conduit par son système à faire une supposition qui ne se réalisera jamais. Il suppose que, dans un contrat où l'on aurait stipulé une clause d'ameublissement jusqu'à concurrence d'une certaine somme, on aura pu convenir aussi *de termes pour le payement.* Jamais pareille chose n'arrivera. S'il y avait promesse d'apport d'argent, il n'y aurait pas *ameublissement,* et je ne puis croire que, dans la pratique, un notaire se soit jamais avisé d'insérer dans un contrat des choses qui se repoussent, qui s'excluent mutuellement avec tant de force. La femme, en cas de simple promesse d'apport d'argent, conserverait toujours, avant comme après la dissolution de la communauté, tous ses immeubles propres; elle n'en aurait jamais à en faire entrer aucun dans la communauté. Tandis que, en cas d'ameublissement d'un immeuble jusqu'à concurrence d'une certaine somme, elle serait tenue, à la dissolution de la communauté, de comprendre dans la masse une portion de l'immeuble ameubli, correspondante à la valeur pour laquelle l'ameublissement aurait été fait. Telle est la seule obligation que la loi lui impose en ce cas, et le droit du mari est en rapport direct avec cette obligation, ne peut la dépasser.

Cependant M. Duranton veut qu'il puisse obtenir *condamnation contre la femme, et faire vendre ses biens jusqu'à concurrence de la somme nécessaire pour le payement de l'apport,* ce qui, en d'autres termes, est une véritable expropriation! C'est à n'y pas croire.

Quoi! le mari ne pourrait, sans le consentement de sa femme, vendre volontairement l'immeuble qui aurait été l'objet de cet ameublissement, et M. Duranton veut qu'il puisse le vendre par expropriation!

Sans doute, l'art. 1507 ne dit pas pour l'ameublissement déterminé jusqu'à concurrence d'une certaine somme, que l'effet de cet ameublissement se réduit à obliger l'époux qui l'a consenti à comprendre dans la masse, lors de la dissolution de la communauté, l'immeuble qui en a été l'objet; mais pour concilier cet article avec les art. 1505 et 1506, et pour que ces articles reçoivent leur exécution, il faut bien qu'il en soit ainsi. Car, d'un côté, l'art. 1506 définit l'ameublissement jusqu'à concurrence d'une certaine somme établie sur un immeuble désigné, *un ameublissement déterminé,* et, de l'autre, l'art. 1507, tout en déclarant la communauté propriétaire des immeubles compris dans l'ameublissement déterminé, défend au mari d'aliéner ces immeubles en ce cas.

Cette interprétation de la loi concilie toutes ses dispositions, et, en l'adoptant, on n'est pas, comme l'est M. Duranton, obligé d'en changer les termes, de n'y trouver que des erreurs et d'arriver à des résultats aussi contraires aux principes sur les ameublissements que désastreux pour les intérêts des époux.

Si, comme cela est d'usage en pareil cas, la femme a, par le contrat de mariage donné pouvoir au mari de vendre ses immeubles, elle ne pourrait révoquer ce pouvoir, à moins de clause contraire ou de quelque cause extraordinaire; comme l'état de déconfiture dans lequel serait tombé le mari, et qui autoriserait aussi la femme à demander la séparation de biens. Ce pouvoir fait partie des conventions matrimoniales et doit, comme elles, être exécuté[1].

Dans ce cas, et dans celui ou le mari serait autorisé à vendre un certain immeuble de la femme, dont le prix devrait entrer en communauté, la clause n'est point une clause d'ameublissement, mais une clause ordinaire d'apport; car ce n'est pas l'immeuble ou partie de l'immeuble que la femme promet d'apporter à la communauté; c'est la somme ou partie de la somme que vaut cet immeuble et pour laquelle il sera vendu. S'il ne l'a pas été, la femme est débitrice, non de l'héritage ou de la partie de l'héritage, mais de la somme ou de partie de la somme à laquelle il sera estimé.

Il suit de là, que quoique l'immeuble vînt à périr par cas fortuit, la femme ne serait pas libérée envers la communauté de la promesse d'apport de la somme : elle devrait l'exécuter sur tous ses biens présents et à venir[2].

L'époux qui a ameubli, soit simplement, soit jusqu'à concurrence d'une certaine somme, un ou plusieurs immeubles désignés, est garant envers la communauté des évictions qu'il subirait de ces immeubles. On doit présumer que l'ameublissement n'a été accepté par l'autre époux que sous la condition tacite, que l'époux qui l'a fait était propriétaire incommutable des choses qu'il promettait de faire entrer dans la communauté; et ce n'est qu'une convention expresse de non-garantie en cas d'éviction qui pourrait dispenser l'époux qui a fait l'ameublissement d'indemniser la communauté.. « En effet, la communauté est

---

[1] M. Duranton, 67.
[2] *Idem*, 68.

« un contrat à titre onéreux, intéressé de part et d'autre, un véritable
« contrat synallagmatique. Or, dans les contrats de cette espèce, la ga-
« rantie est due, sauf clause contraire; elle est de droit. Le Code le
« décide ainsi en matière de vente et d'échange.

« Il n'y a quant à la garantie dont il s'agit ici, aucune parité entre le
« cas où, dans une communauté universelle de tous biens, ou d'un ameu-
« blissement général de tous les immeubles de l'un des époux, la com-
« munauté aurait été évincée de tels ou tels immeubles, et le cas d'un
« ameublissement spécial dont elle serait privée par suite d'éviction[1]. »

Aussi Pothier, qui avait d'abord pensé que la garantie n'était due
que jusqu'à concurrence au plus de la valeur des apports de l'autre
époux, a-t-il fini par admettre la garantie dans toute son étendue.

L'époux qui a ameubli un immeuble a, lors du partage, la faculté
de le retenir en le précomptant sur sa part pour le prix qu'il vaut alors;
et ses héritiers ont le même droit (1509). Mais cette faculté cesserait
d'exister au profit de la femme, si elle renonçait à la communauté,
comme elle a le droit de le faire. C'est là, en effet, une faveur qui ne
doit pas être étendue au delà des limites fixées par la loi; et la loi ne
l'accorde à l'époux qu'à charge de *précompter sur sa part l'immeuble
qu'il veut retenir*. Or, la femme n'a plus de part dans l'actif de la communauté à laquelle elle a renoncé; et la loi ne lui a pas donné le droit
de reprendre ses immeubles ameublis moyennant *un prix d'achat*.

Il est clair que si le mari, ayant usé du droit qu'il avait d'aliéner
l'immeuble, l'avait fait sortir de la communauté par une vente, la femme
ne pourrait exercer la reprise; et que s'il l'avait grevé de servitudes, la
femme devrait le reprendre chargé de ces servitudes[2].

« Si l'ameublissement n'a eu lieu que jusqu'à concurrence d'une cer-
« taine somme seulement, à plus forte raison l'époux qui l'a fait peut-
« il *retirer* l'immeuble en totalité ; il a le choix ou de faire raison au
« conjoint ou à ses héritiers de la moitié de la somme jusqu'à concur-

[1] M. Duranton, 70.
[2] *Idem*, 76.

« rence de laquelle l'ameublissement a été fait, ou d'abandonner une
« partie de l'immeuble à la masse partageable jusqu'à concurrence de
« cette somme : alors il se fera une estimation. Il n'est pas obligé pour
« cela d'abandonner l'immeuble en totalité, s'il vaut davantage. »

M. Duranton , à qui j'emprunte ce passage , a employé avec intention et a souligné le mot *retenir*, au lieu de celui *reprendre*, qu'il a
employé lorsqu'il a parlé du cas où l'ameublissement déterminé avait
été fait purement et simplement. C'est pour être conséquent avec lui-
même, lorsqu'il a dit que l'ameublissement de tel immeuble jusqu'à
concurrence d'une certaine somme ne forme pas un ameublissement
déterminé, et ne fait pas entrer dans la communauté l'immeuble qui
en est l'objet. Mais comme je crois avoir démontré le contraire, pour
être conséquent aussi dans mon langage et dans mes idées, je dois dire,
que tout en adoptant la décision de M. Duranton, je n'admets pas le mot
retenir avec le sens qu'il attache. Si le mot *reprendre* peut être employé
dans le cás où l'époux exerce la faculté que lui donne l'art. 1509 après
avoir fait un ameublissement pur et simple, il doit pouvoir l'être aussi
dans le cas où il l'exerce après avoir fait un ameublissement déterminé
jusqu'à concurrence d'une certaine somme.

Nous venons de voir quelles sont les règles relatives aux ameublissements *déterminés*. Il nous reste à nous occuper de celles qui sont relatives aux ameublissements *indéterminés*.

Aux termes de l'art. 1508, l'ameublissement indéterminé ne rend
point la communauté propriétaire des immeubles qui en sont frappés :
son effet se réduit à obliger l'époux qui l'a consenti à comprendre dans
la masse, lors de la dissolution de la communauté, quelques-uns de
ses immeubles jusqu'à concurrence de la somme promise.

Le mari ne peut, comme dans le cas de l'art. 1507, aliéner en tout
ou en partie , sans le consentement de la femme , les immeubles sur
lesquels est établi l'ameublissement indéterminé; mais il peut les hypothéquer jusqu'à concurrence de cet ameublissement.

[1] M. Duranton , n° 77.

Il suit de là que si quelques-uns des immeubles que possédait l'époux au moment où il a fait l'ameublissement venaient à périr, ils périraient pour lui, et la perte qui en arriverait ne le dégagerait pas de l'obligation d'apporter à la masse des immeubles d'une valeur égale à la somme pour laquelle il a promis de faire un ameublissement : il serait tenu d'exécuter son obligation sur ceux des immeubles qui lui resteraient.

Toutefois, je crois que si *tous* les immeubles qui ont été affectés de l'abmeublissement indéterminé venaient à périr, l'obligation de l'époux qui l'a fait serait éteinte. En effet, l'ameublissement était bien indéterminé, en ce sens qu'aucun des immeubles que possédait en se mariant l'époux qui l'a fait n'en était *spécialement* affecté ; que, pour remplir son engagement, cet époux avait le droit de comprendre dans la communauté celui de ses immeubles qu'il lui aurait plu de choisir, et que, par conséquent, la communauté n'étant spécialement propriétaire d'aucun de ses immeubles, ce n'est pas pour son compte qu'il aurait péri. Mais il était déterminé en ce sens qu'il portait sur *tous* les immeubles que possédait l'époux en se mariant et qu'il n'affectait pas les immeubles à venir. Si donc tous ces immeubles ont péri sans la faute de l'époux qui devait faire l'ameublissement, son obligation sera éteinte. Il faudrait appliquer à ce cas la disposition de l'art. 1302 du Code civil. Je suis d'accord sur ce point avec M. Duranton (n°s 69 et 84), mais sans adopter les motifs sur lesquels il fonde son opinion ; sans voir, comme lui, dans un ameublissement indéterminé, ce qu'il appelle *un assignat limitatif*, et sans me croire obligé d'établir un parallèle entre la simple convention d'apport avec affectation hypothécaire et la clause d'ameublissement *indéterminé ;* car il est bien clair que l'un n'est pas l'autre ; et si M. Duranton n'avait lui-même troublé les idées sur ce point en refusant de voir un véritable ameublissement dans l'apport à la communauté d'immeubles non désignés, fait jusqu'à concurrence d'une certaine somme, il n'aurait pas eu la peine de prévenir ses lecteurs contre le danger de la confusion de la simple clause d'apport avec l'ameublissement indéterminé.

10.

L'époux qui aurait fait l'ameublissement indéterminé pourrait, en offrant de précompter sur sa part dans la communauté la valeur·de moitié des immeubles qui devaient être compris dans la masse, retenir les immeubles qu'il possédait lors de la dissolution; car l'époux qui aurait fait un ameublissement déterminé, et qui aurait par là fait entrer de ses immeubles dans la communauté, ayant le droit de les reprendre en en précomptant la valeur sur sa part, il est juste de décider qu'à bien plus forte raison celui qui n'a fait qu'un ameublissement indéterminé, c'est-à-dire, qui n'a laissé entrer nominativement aucun de ses immeubles dans la communauté, a le droit de les retenir en en précomptant la valeur sur sa part.

L'action qui serait ouverte à l'époux pour obliger son conjoint à exécuter la clause d'ameublissement indéterminé, aurait le caractère d'action ou de créance immobilière.

Du principe que cette action ou créance est immobilière, il suit que si l'époux se remariait avant la liquidation de la communauté, et avant que l'autre époux ou ses héritiers eussent compris dans la masse les immeubles qui devaient être ameublis, cette action ne tomberait pas dans la communauté qu'il pourrait former par son nouveau mariage; elle lui resterait propre, à moins de stipulation contraire.

Pothier pensait, contrairement à ce que Mornac disait avoir été jugé par un arrêt ancien qu'il rapporte, que la clause d'un ameublissement indéterminé que la femme fait de ses immeubles jusqu'à concurrence d'une certaine somme, renferme tacitement un pouvoir qu'elle donne au mari, tant qu'elle n'a pas encore déterminé son apport, d'aliéner ceux des immeubles qu'il juge à propos jusqu'à concurrence de cette somme; et que l'aliénation qu'en fera le mari déterminera l'apport de la femme à ceux de ses immeubles qu'il aura aliénés. Il ajoute que, si, avant que le mari n'eût vendu aucun héritage de sa femme, elle lui avait fait signifier qu'elle déterminait son ameublisssement à tels et tels héritages, le mari ne pourrait plus disposer que de ceux auxquels l'ameublissement aurait été déterminé.

Cette décision de Pothier ne pourrait plus être suivie aujourd'hui ; le Code civil a, par son art. 1508, formellement déterminé les pouvoirs du mari, et la détermination de ce pouvoir exclut positivement l'idée d'un pouvoir tacite comme celui dont parlait Pothier.

Les époux peuvent d'un commun accord faire cesser pendant le mariage l'indétermination de l'ameublissement. Ce n'est pas là changer les conventions de mariage, c'est les exécuter ; car comme le mari pourrait, du consentement de la femme, vendre les immeubles frappés d'un ameublissement indéterminé, on ne voit pas pourquoi ce consentement ne pourrait avoir l'effet de faire tomber dans la communauté des immeubles dont le prix pouvait être touché par le mari, et employé par lui à faire prospérer les affaires de la communauté. C'est ce qu'enseignent MM. Toullier, Bellot et Duranton. C'est à tort que M. Battur a soutenu le contraire.

Cette détermination peut avoir lieu de plusieurs manières.

1° Par la vente faite par les époux conjointement, ou par le mari en vertu de la procuration de la femme, ou par la femme autorisée de son mari, d'un ou de plusieurs immeubles de celle-ci, dont le prix vient en compensation de la somme, jusqu'à concurrence de laquelle elle a fait l'ameublissement.

2° Par une convention entre les époux, par laquelle la femme donnerait en payement de la somme convenue, tel ou tels de ses immeubles. Le contrat de vente entre époux est autorisé, pour cette cause, par l'art. 1595, n° 3. A la vérité cet article dit : *et lorsqu'il y a exclusion de communauté ;* mais cette condition, exigée en général, ne l'est point dans l'espèce ; il n'y a aucun motif raisonnable d'empêcher la dation en payement dont il s'agit : elle préviendra peut-être même une vente forcée des immeubles de la femme, par suite de la faculté qu'a le mari de les hypothéquer. Et s'il s'agit d'un ameublissement fait par le mari, il suffit qu'il vende, même seul, de ses immeubles, pour que les autres immeubles soient affranchis[1]. »

[1] M. Duranton, t. XV, n° 83.

L'ameublissement, soit déterminé, soit indéterminé, n'a d'effet qu'entre les parties contractantes ou leurs héritiers ; ce qui est conforme à ce principe de la loi romaine : *animadvertendum ne conventio in aliâ re, aliâve persona facta, in aliâ re vel personâ noceat* (loi **27**, *D. de pactis*). C'est ce qu'enseignait Pothier. L'art. 1165 du Code civil a reproduit ce principe d'une manière générale.

M. Delvincourt et M. Duranton professent aussi cette opinion. Mais j'ai été étonné de les voir, l'un et l'autre, ajouter que les ameublissements n'ont d'effet que dans l'intérêt du mari seulement. Je ne comprends pas cela. Si cette proposition était littéralement vraie, le mari ne devrait jamais pouvoir faire d'ameublissements, et la femme n'avoir jamais qualité pour le forcer lui ou ses héritiers à exécuter ses conventions d'ameublissement. Or, le contraire de cela est bien certain. L'art. 1505 ne laisse pas de doutes à cet égard. Je dois d'autant plus m'étonner de la proposition de M. Duranton qu'il ajoute un peu plus loin : « et il est pareillement certain que, si l'immeuble *ameubli même par le mari tombait au lot de la femme, il serait compris aussi dans le legs des immeubles de celle-ci.* » Ce que dit plus haut M. Duranton est donc pour moi une véritable énigme.

Du principe que les ameublissements n'ont d'effet qu'entre les parties contractantes et leurs héritiers, Pothier tirait des conséquences qui, dans l'état de notre législation, n'ont plus de valeur. Le Code a formellement proscrit la distinction des biens en propres de diverses lignes, et nous ne connaissons plus ni réserves coutumières ni retrait lignager. Mais ce principe produirait encore certaines conséquences aujourd'hui.

Ainsi l'immeuble ameubli par la femme, qui tomberait au lot du mari, serait compris dans le legs d'immeubles fait par lui, et réciproquement. Mais l'ameublissement ne pourrait porter atteinte aux droits des créanciers personnels des époux, lesquels, tant que leurs droits ne seraient pas prescrits, pourraient suivre les biens qui formaient leur gage, dans les mains de celui des époux qui, quoique non obligé personnellement, les détiendrait.

Le mineur, assisté de ceux dont le consentement est requis pour la validité de son mariage, peut consentir à toutes les conventions d'ameublissement auxquelles pourrait consentir un màjeur. C'est la conséquence du principe posé par l'art. 1398, d'après lequel le mineur, assisté de ceux dont le consentement luí est nécessaire pour se marier, peut faire toutes les conventions dont le contrat de mariage est susceptible.

SECTION IV.

De la clause de séparation de dettes et de celle de franc et quitte.

Quoique les rédacteurs du Code n'aient donné pour titre à cette section que celui de *séparation de dettes*, elle contient cependant des règles relatives à une clause différente, celle connue sous lé nom de *franc et quitte.*

Pothier et M. Duranton ont, pour plus de méthode el de clarté, traité distinctement ce qui est relatif à ces deux clauses. Je ferai comme eux, en divisant cette section en deux paragraphes.

§ 1er.

De la clause de séparation de dettes.

J'ai à examiner :

Ce que c'est que cette clause;

Comment elle se fait;

Quelles sont les dettes auxquelles elle a rapport;

Quels en sont les effets entre les époux et leurs héritiers;

Quels en sont lies effets à l'égard des tiers.

La clause de séparation de dettes, est une convention par laquelle les époux arrêtent dans leur contrat de mariage, que leur communauté ne sera point chargée des dettes que chacun d'eux a contractées avant le mariage.

Par cette convention, les parties contractantes dérogent au droit commun, qui met à la charge de la communauté les dettes mobilières contractées par chacun des époux avant le mariage, sous la condition pourtant en ce qui concerne celles contractées par la femme, qu'elles seront établies par actes ayant une date certaine antérieure au mariage.

Cette convention se fait ordinairement en ces termes :

« Chacun des futurs conjoints acquittera séparément ses dettes faites « avant le mariage; elle peut se faire par quelqu'autres termes que ce « soit[1]. »

La séparation de dettes peut aussi être établie tacitement.

Elle l'est ainsi lorsque l'un des époux fait un apport spécial à la communauté, soit d'une somme, soit d'un corps certain; car un tel apport emporte la convention tacite qu'il n'est point grevé de dettes antérieures au mariage, et il doit être fait raison par l'époux débiteur à l'autre de toutes celles qui diminueraient l'apport promis (1511).

J'ai déjà eu occasion de dire, que cette disposition de loi a été empruntée à Pothier, qui enseignait le principe qu'elle a consacré, d'après La Thaumassière, contrairement à l'opinion de Lebrun.

La clause d'apport à la communauté d'une somme ou du mobilier de l'un des époux jusqu'à concurrence d'une certaine valeur, ou d'un corps certain, a ce double effet : 1° d'emporter réalisation tacite du surplus du mobilier, et c'est sous ce point de vue qu'elle est envisagée dans l'art. 1500; et 2° d'emporter obligation pour l'époux qui a fait l'apport, de payer ses dettes antérieures au mariage, de quelque nature qu'elles soient, conformément à l'art. 1511.

Mais si l'un des époux seulement a fait un apport spécial, il n'y a séparation de dettes qu'à son égard; quant à l'autre, il reste sous l'em-

[1] Pothier, n° 351.

pire du droit commun, et quant à son mobilier, et quant à ses dettes; la communauté recueille ce mobilier et demeure chargée de ces dettes. Et même sans apport spécial de la part de l'un des époux, il peut être convenu que cet époux payera ses dettes antérieures au mariage; si cela n'a été dit qu'à l'égard de l'un d'eux seulement, la clause n'a d'effet que par rapport à lui: le droit commun exerce son empire quant à l'autre[1].

La clause de séparation de dettes n'a point pour effet d'affranchir la communauté des dettes qui seront contractées pendant sa durée, soit par le mari, soit par la femme autorisée de son mari, soit par les deux époux conjointement; sauf la récompense à la communauté pour celles qui seraient relatives aux propres de l'un ou de l'autre des époux, ou qui devraient rester à sa charge personnelle pour quelque autre cause, comme dans les cas prévus aux art. 1424, 1425 et 1469 du Code civil[2].

Les dettes d'une succession mobilière échue à l'un des époux lors du mariage, et qui n'était pas encore acceptée par lui à cette époque, ou qui, étant acceptée, n'était pas encore partagée, ne sont pas comprises dans l'exclusion des dettes antérieures au mariage résultant de la clause de séparation de dettes.

La rigueur des principes sur l'effet de l'acceptation des successions voudrait peut-être qu'elles y fussent comprises; mais la question doit plutôt se résoudre par l'intention présumée des parties. Or, en pareil cas, il y aurait tout lieu de penser que l'époux n'a entendu mettre le mobilier de cette succession dans sa communauté, au cas où il se porterait héritier, que sous la déduction des dettes dont elle se trouverait chargée, d'après cette règle: *bona non intelliguntur nisi ære alieno deducto*. Et si la succession était déjà acceptée, mais non encore partagée lors du mariage, il serait à croire que l'époux n'a entendu mettre dans

---

[1] M. Duranton, t. XV, nᵒˢ 95 et 96.
[2] *Ibid.*, nᵒ 90.

la communauté, avec ses autres biens meubles, la portion qui lui écherrait, par le partage, dans le mobilier de cette succession, que sous la déduction de sa part dans les dettes, comme étant, cette portion, virtuellement diminuée du montant de cette même part de dettes [1].

La convention de séparation comprend non-seulement les dettes dont chacun des époux était débiteur envers des tiers, mais pareillement celles dont l'un des conjoints était débiteur envers l'autre [2].

Il suit de là, que les créances mobilières que l'un des époux avait contre l'autre ne s'éteignent par la confusion que dans les limites que je vais indiquer.

Si c'est la femme qui est la débitrice du mari, elle ou ses héritiers seront tenus, à la dissolution de la communauté, d'acquitter moitié de la dette, s'ils acceptent la communauté; s'ils renoncent, ils seront tenus de payer la totalité de cette dette. Si c'est le mari qui est le débiteur de la femme, et qu'elle ou ses héritiers acceptent la communauté, le mari continuera d'être leur débiteur pour la part qu'ils auront dans la communauté. Si la femme, en vertu d'une clause de son contrat de mariage, reprenait son apport, en renonçant à la communauté, son mari continuerait d'être débiteur envers elle de cette somme pour le total. A défaut de pareille clause de reprise d'apport dans son contrat, sa renonciation à la communauté lui en faisant perdre tout l'actif dans lequel sa créance était entrée, le mari se trouvera libéré.

Du principe que la clause de séparation de dettes affranchit la communauté de la charge des dettes que chacun des époux a contractées avant le mariage, il suit qu'une dette que l'un des conjoints a contractées avant le mariage sous une condition qui ne s'est accomplie que depuis, est comprise dans la séparation de dettes.

A plus forte raison, celle qui a été contractée sans condition avant le mariage doit-elle y être comprise, quoique le terme du payement ne soit arrivé que depuis.

[1] M. Duranton, n° 92.
[2] Pothier, n° 353. M. Duranton, n° 102.

Pothier a tiré avec raison de là la conséquence « que lorsque l'un des « conjoints a été condamné, durant le mariage, à une certaine somme « envers quelqu'un pour réparation civile d'un délit commis avant le « mariage, cette réparation adjugée par la sentence, quoique rendue « durant le mariage, est comprise dans la convention de séparation de dettes. »

Il voyait plus de difficulté à l'égard de l'amende à laquelle l'un des conjoints a été condamné durant le mariage pour un délit commis avant le mariage. Cependant il a adopté l'avis de Lebrun, qui décidait qu'elle est comprise dans la clause de séparation de dettes. Cette décision me semble équitable et pouvoir se justifier par les mêmes motifs que ceux qui ont déterminé Pothier à regarder sans difficulté la réparation civile comme comprise dans cette séparation. Car, quoique l'amende soit une peine, et qu'elle ne doive plus être prononcée si celui qui a commis le délit meurt avant le jugement, il n'est pas moins vrai que l'exécution du jugement qui a prononcé l'amende contre lui, si elle était poursuivie contre la communauté, affecterait l'actif de cette communauté pour une dette dont la cause serait antérieure au mariage. Et s'il est vrai de dire que l'amende ne pouvait être prononcée contre l'époux coupable qu'à la condition qu'il survivrait à la poursuite, il l'est aussi que, lorsque cette condition s'accomplit, elle doit rétroagir au jour du délit, cause de l'amende.

Si l'un des époux était en procès lors du mariage, la condamnation prononcée contre lui pendant le mariage à raison de ce procès, même pour des dépens faits pendant le mariage resterait à sa charge personnelle.

Pothier décidait « que si depuis le mariage, pendant le cours du pro- « cès le mari a formé des demandes incidentes, ou s'il en a été formé « contre lui, les dépens faits sur ces demandes incidentes, auxquels il a « été condamné, aussi bien que ceux faits par son procureur, sont à la « charge de la communauté. »

M. Duranton a avec raison rejeté cette distinction entre les frais qui ont été causés par la demande principale formée avant le mariage et ceux qui ont été faits sur les demandes incidentes formées depuis. Ces dernières demandes sont des exceptions tendant à faire repousser la demande principale, et doivent, à ce titre, être régies par les mêmes principes que la demande principale elle-même pour ce qui concerne l'application de la clause de séparation de dettes aux dépens.

Mais je pense aussi, avec M. Duranton, que l'on devrait, quant aux dépens, excepter le cas où le procès serait relatif à un objet qui est entré de fait dans la communauté.

Les arrérages et les intérêts de rentes ou de sommes dues par l'un ou par l'autre des époux, et *échus* lors de la célébration du mariage, sont compris dans la clause de séparation de dettes, et restent, par suite, à la charge de l'époux qui est débiteur des rentes ou des sommes portant intérêt.

Quant aux arrérages ou aux intérêts qui ont couru depuis le mariage, ils sont à la charge de la communauté, nonobstant la clause de séparation de dettes. L'art. 1512 du Code civil le décide expressément; et ne le décidât-il pas, il n'en devrait pas moins être ainsi; car la communauté jouissant des fruits et des revenus des biens des époux, et étant de principe que les arrérages et les intérêts sont une charge des fruits et des revenus, ce principe doit encore recevoir son application dans l'hypothèse d'une convention formelle de séparation de dettes, à moins d'une stipulation formelle contraire. C'est ce que l'on doit induire de l'art. 1409, n° 3 du Code, qui charge la communauté des arrérages et des intérêts des rentes ou des dettes passives relatives aux immeubles propres à l'un ou à l'autre des époux[1].

Lebrun allait même jusqu'à dire que ces arrérages et ces intérêts courus pendant le mariage sont tellement une charge de communauté, qu'ils n'en pourraient pas être exclus même par une convention expresse portée au contrat de mariage; mais Pothier trouvait que Lebrun

---

[1] M. Duranton, n° 89.

allait trop loin, et ajoutait que, quoique cette convention fût insolite, il ne voyait rien qui l'empêchât d'être valable. Pothier avait raison, et aujourd'hui son opinion doit encore être suivie; car en quoi une pareille convention est-elle contraire aux lois d'ordre public et aux bonnes mœurs?

La clause de séparation de dettes à des effets très-différents, selon qu'on la considère par rapport aux époux ou à leurs héritiers entre eux, ou qu'on la considère par rapport aux tiers.

Par rapport aux époux ou à leurs héritiers entre eux, elle les oblige à se faire, lors de la dissolution de la communauté, respectivement raison des dettes qui sont justifiées avoir été acquittées par la communauté, à la décharge de celui des époux qui en était débiteur, peu importe que le mobilier de chacun d'eux ait été ou non inventorié (art. 1510).

Si les époux ne se sont réservé propre ni leur mobilier présent, ni leur mobilier futur, on doit présumer que c'est avec les deniers de la communauté que les dettes frappées de l'exclusion de communauté ont été acquittées, si elles l'ont été. Ce serait à l'époux qui prétendrait avoir acquitté ses dettes antérieures au mariage, exclues de la communauté, à justifier qu'il l'a fait avec des deniers qui lui étaient propres, comme ceux, par exemple, qui lui provenaient de la vente d'un de ses immeubles[1].

Il est clair que l'époux qui prétend qu'une dette de son conjoint antérieure au mariage a été acquittée par la communauté, doit prouver que cette dette a en effet existé, qu'elle était réellement antérieure au mariage et qu'elle a été acquittée depuis. Cette preuve pourrait se faire non-seulement par la production des titres mêmes appuyés de quittances ou d'acquits, mais encore par témoins.

M. Duranton pense que la preuve testimoniale ne serait généralement recevable qu'autant qu'il y aurait un commencement de preuve

---

[1] M. Duranton, n° 104.

écrite. Je ne crois pas que cette proposition soit exacte. Je pense qu'à ce cas serait parfaitement applicable la disposition du premier paragraphe de l'art. 1338 du Code civil, d'après lequel il est fait exception aux règles sur l'inadmissibilité de la preuve testimoniale dans toute demande ayant pour objet une somme supérieure à cent cinquante francs, lorsqu'il n'a pas été possible au créancier de se procurer une preuve littérale de l'obligation qui a été contractée envers lui.

Or, sera-t-il toujours possible à l'un des époux de se procurer la preuve littérale de l'obligation que son conjoint a contractée envers lui, en tirant de la communauté des valeurs avec lesquelles il a acquitté ses dettes antérieures au mariage frappées de l'exclusion?

Si c'est le mari qui a payé lui-même de semblables dettes provenant de lui et dont il avait caché l'existence à sa femme, quel moyen celle-ci a-t-elle eu d'obtenir du mari une preuve écrite de l'obligation que ce dernier a contractée envers elle par ce fait? Si c'est la femme qui, au lieu d'employer en dépenses de ménage des sommes qui avaient été mises à sa disposition par le mari pour cet objet, a acquitté ses dettes antérieures au mariage, quelle preuve littérale celui-ci a-t-il pu obtenir d'elle? Les époux ne contractant pas dans ce cas entre eux directement, mais indirectement et par un fait, c'est-à-dire par le payement qui a eu lieu entre les mains de tiers, n'ont autre chose à faire pour obtenir l'exécution de l'obligation qui en résulte, que de prouver le fait lui-même. Cette preuve se fera sans doute par la production du titre même, quand ce sera l'époux non débiteur qui l'aura soldé, retiré, acquitté et conservé pour l'opposer à son conjoint ou aux héritiers de celui-ci; mais quand ce sera l'époux débiteur qui aura lui-même payé sa dette et retiré le titre, il faut bien que son conjoint puisse prouver contre lui ce fait, même sans commencement de preuve par écrit; car il a pu lui être aussi impossible d'obtenir ce commencement de preuve écrite, qu'une preuve complète.

Aussi M. Duranton, sentant ce que sa décision a de rigoureux, cherche-t-il à la tempérer, en ajoutant que, toutefois, la demande à

fins de cette preuve (la preuve testimoniale) serait plus facilement admise si elle était formée par la femme ou par ses héritiers, que si elle
était formée par le mari ou par ses représentants ; car, dit-il, le mari
a pu facilement anéantir les billets qu'il a souscrits.

Si M. Duranton avait franchement abordé les vrais principes, il se
serait convaincu que la preuve testimoniale devrait être reçue dans
l'intérêt du mari comme dans celui de la femme, et il n'aurait pas
hasardé une timide décision d'équité qui, si on adopte sa proposition
principale, ne repose sur aucun texte de loi. Car on peut lui répondre : Si la femme n'allègue pas que son mari ait détruit le titre qui
établissait sa dette, comme la fraude ne se présume pas, la femme
reste soumise à l'empire du principe de non-admissibilité de la preuve
testimoniale, et si elle allègue ce fait, elle devra le prouver aussi
bien que ceux relatifs à l'acquittement de la dette.

Ainsi, dans le système de M. Duranton, l'admission de la preuve
testimoniale resterait subordonnée au cas de fraude du mari, tandis
que cette preuve, selon moi, doit être admise en faveur du mari comme
en faveur de la femme, sans même qu'il y ait fraude, quand ils n'ont
pu se procurer la preuve littérale du fait du payement de la dette de
l'un d'eux antérieure au mariage.

Le troisième paragraphe de l'art. 1410 du Code civil, portant que
le mari qui prétendrait avoir payé pour sa femme une dette résultant d'un acte n'ayant pas acquis date certaine avant le mariage, ne
peut en demander la récompense ni à sa femme, ni à ses héritiers,
n'est pas applicable dans le cas où les époux ont stipulé dans leur contrat de mariage la clause de séparation de dettes.

L'art. 1510 dispose d'une manière générale, et déroge, par sa généralité, à l'art. 1410. Le payement qu'a fait le mari d'une dette de sa
femme antérieure au mariage a épargné les biens de celle-ci, et cela
suffit pour que l'art. 1510 soit applicable dans sa lettre et dans son
esprit. D'ailleurs le § 3 de l'art. 1410, rédigé en vue du maintien de la
puissance maritale et pour faire obstacle à ce que la femme puisse,

par des titres antidatés, s'engager à l'insu ou contre le gré de son mari, ne peut devenir une arme contre celui-ci. Et si la disposition finale de cet article veut que le mari ne puisse demander à sa femme, ou aux héritiers de celle-ci, récompense d'une dette de cette nature, c'est que le payement qu'il en fait emporte de sa part reconnaissance que la dette était réellement antérieure au mariage. Voilà tout ce qu'on peut en conclure.

Tels sont les effets de la clause de séparation de dettes à l'égard des époux entre eux.

Voyons quels sont les effets de cette clause relativement aux créanciers des époux.

« A l'égard des créanciers, disait Pothier, la convention de sé-
« paration de dettes ne peut empêcher les créanciers *de la femme de*
« *demander* au mari, durant la communauté, le payement des dettes
« de la communauté, quoique exclues de la communauté, à moins
« qu'il ne soit en état de leur représenter un inventaire des biens
« mobiliers de la femme qui lui sont parvenus et de leur en rendre
compte.

« C'est la disposition de l'art. 222 de la coutume de Paris. Cette dis-
« position a été copiée dans les mêmes termes dans la coutume d'Or-
« léans, à l'art. 212.

« La coutume exige deux choses *du mari* pour qu'il puisse se dispen-
« ser du payement des dettes de la femme antérieures à son mariage,
« quoique exclues de la communauté par une convention de séparation
« de dettes; elle exige 1° qu'il ait fait un inventaire des biens mobiliers
« de sa femme qu'elle lui a apportés en mariage; 2° que sur la demande
« des créanciers de la femme, il leur représente l'inventaire ou l'esti-
« mation d'icelui; elle dit : il demeure quitte, représentant l'inventaire
« ou estimation d'icelui. »

Ces principes ont été reproduits dans l'art. 1510 du Code civil, et quoique des termes de cet article on puisse conclure que la clause de séparation de dettes a effet aussi bien à l'égard des créanciers du mari qu'à l'égard de ceux de la femme, il ne paraît cependant pas que le Code ait voulu déroger aux principes posés par Pothier à cet égard. Je ferai même remarquer que les textes des coutumes qu'invoque Pothier présentent la même généralité d'expression que celle qui résulte des termes de l'art. 1510, et que si l'on s'était attaché strictement à ces textes, il eût été impossible d'en tirer les conséquences que Pothier en a déduites, en en restreignant les effets aux seuls créanciers de la femme. — Toutefois, l'art. 1510 aurait pu être rédigé d'une manière plus exacte, et au lieu de ceci : *si le mobilier apporté par les époux n'a pas été inventorié, les créanciers de l'un et de l'autre, etc.*, il fallait dire dans cet article : *si le mobilier apporté par la femme n'a pas été inventorié, ses créanciers peuvent,* etc.

M. Duranton a adopté cette interprétation de l'art. 1510, conforme à la doctrine de Pothier, et il la fonde sur ce que « le mobilier de « chacun des époux, sous l'empire de cette clause, tombe dans la « communauté, et que par conséquent il est devenu le gage des créan- « ciers de la communauté : or, dit-il, les créanciers du mari, même « antérieurs au mariage, sont créanciers de la communauté, parce que « le mari est détenteur des biens qui la composent, et qu'il en a la dis- « position, sauf la limitation établie par l'art. 1422. »

Ces raisons ne sont pas en tous points concluantes : car le mobilier du mari entre dans la communauté aussi bien que celui de la femme (1401), et les dettes de la femme, si elles ont une date antérieure au mariage, sont une charge de la communauté aussi bien que celles du mari (1409); enfin, il y aurait autant de justice exacte à restreindre les créanciers du mari antérieurs au mariage au droit de se faire payer sur les seuls biens personnels du mari et sur son mobilier inventorié, qu'il peut y en avoir à restreindre ceux de la femme au droit de se faire payer sur le seul mobilier et les seuls biens personnels de celle-ci. La véritable raison de cela se trouve dans le droit exorbitant donné par la loi au mari d'aliéner les biens de la communauté sans le con- sentement de sa femme, droit dont l'exercice le mettrait toujours à même de désintéresser ses créanciers personnels avec le prix des biens de la communauté, même contre le gré de sa femme.

S'il s'agissait de dettes de la femme n'ayant pas acquis une date certaine antérieure au mariage, les créanciers ne pourraient poursuivre le payement de leurs créances que sur la nue propriété des biens de leur débitrice, conformément à l'art. 1410, combiné avec l'art. 1528, et ils allègueraient vainement que du mobilier de la femme, apporté par elle lors du mariage, ou à elle échu pendant le mariage, a été confondu dans la communauté sans un inventaire préalable. Mais si le mari a cru devoir payer la dette, il a une répétition à exercer contre la femme ou contre ses héritiers[1].

Il est clair que si la femme ou ses héritiers renoncent à la communauté, ils n'ont point d'indemnité à réclamer au mari ou à ses représentants à raison des dettes qu'il avait lors du mariage, et qui ont été acquittées avec les deniers de la communauté; car ils perdent par là tout droit sur les biens qui la composaient, même sur le mobilier qui y est entré du chef de la femme (1429), au lieu que la femme devrait elle-même indemnité au mari, à raison de ses dettes antérieures au mariage, et qui auraient été acquittées avec les deniers de la communauté[2].

§ 2.

De la clause de franc et quitte.

Le Code a dérogé aux principes du Droit ancien sur les effets de cette clause.

Pothier la définit : « une convention par laquelle les parents de l'un « des futurs se font forts envers l'autre qu'il n'a pas de dettes. Ce sont or- « dinairement les parents de l'homme qui se font forts qu'il est franc « et quitte de dettes.

---

[1] M. Duranton, n° 110.

[2] *Idem,* n° 111.

« Ils s'obligent par cette convention envers la femme *in id quanti ejus*
« *interest,* que l'homme se soit trouvé tel qu'ils l'ont assuré, c'est-à-
« dire, exempt de dettes, et en conséquence, dans le cas où il ne se se-
« rait pas trouvé tel, à indemniser la femme du préjudice que lui au-
« raient causé les dettes de son mari antérieures au mariage. »

Il suffit de lire l'art. 1513 du Code civil pour se convaincre que la
clause de franc et quitte n'est plus aujourd'hui ce qu'elle était à l'époque
où écrivait Pothier.

Alors, elle n'était qu'une convention entre les parents de l'un des
futurs conjoints (ordinairement le mari), aujourd'hui elle est une convention directe entre les futurs époux, convention à laquelle peuvent in-
tervenir le père, la mère, les ascendants ou le tuteur des époux et même
toute autre personne (car le sens de l'article n'est pas restrictif), pour
garantir subsidiairement l'exécution de cette clause à l'autre conjoint.

Alors, la stipulation de la clause de franc et quitte n'entraînait pas
l'exclusion de la communauté des dettes, même de celui des époux qui
avait été déclaré franc et quitte, et conséquemment cet époux ne devait aucune indemnité à son conjoint à raison de ses dettes qui avaient
été acquittées par la communauté; aujourd'hui cette clause emporte
virtuellement séparation de dettes par rapport à lui : aussi est-elle placée dans le Code sous la section *de la séparation des dettes.*

Du reste, il y a entre l'une et l'autre clause plusieurs différences
tranchées.

Dans la clause de franc et quitte il n'y a d'exclues de la communauté
que les dettes de l'époux déclaré franc et quitte; celles du conjoint sont
régies par le droit commun. Au lieu que dans la clause expresse de séparation de dettes, ou même d'apport spécial à la communauté par
chacun des époux, les dettes de l'un et de l'autre restent à leur charge
personnelle.

Malgré la clause de séparation de dettes, la communauté est tenue
(à moins de clause contraire) du payement des arréages de rentes et
des intérêts des capitaux dus par les époux; la clause de franc et quitte

12.

a pour effet d'assurer au conjoint de l'époux qui a été déclaré être franc et quitte de dettes, une action en indemnité, non-seulement pour les capitaux, mais encore pour les arréages de rentes et les intérêts des capitaux que la communauté aurait payés à sa décharge.

La clause de franc et quitte n'a d'effet qu'entre les parties qui l'ont stipulée et ceux qui en ont garanti l'exécution, au lieu que la clause de séparation de dettes peut être opposée aux créanciers de la femme par le mari, qui s'affranchit de leurs poursuites en leur abandonnant tout le mobilier qu'elle a apporté lors du mariage, pourvu que ce mobilier ait été inventorié par acte authentique fait avant le mariage.

Il ne faut pas confondre la clause de *franc et quitte* avec celle par laquelle les parents du mari s'obligeraient à payer ses dettes antérieures au mariage, et promettraient de l'en acquitter. Par la première, ils ne s'obligent pas à payer les dettes de leur fils; ce n'est point une donation qu'ils lui font, ils se soumettent seulement à la garantie envers la femme pour le préjudice que lui causeraient les dettes de son mari antérieures au mariage. Or, si ce préjudice est nul, parce que le mari n'a laissé aucuns biens sur lesquels la femme eût pu être payée de ses créances et de ses reprises dans le cas même où les dettes du mari n'auraient pas existé, et si, en outre, la communauté est tellement mauvaise que la femme n'en eût rien retiré, quoique le mari eût été franc de dettes, il s'ensuit que la femme n'a pas d'action contre la personne qui l'a déclaré franc et quitte.

En cela la clause de franc et quitte diffère aussi beaucoup de celle par laquelle l'ascendant du mari, ou tout autre, se serait obligé comme caution à la garantie de la dot de la femme et de ses conventions matrimoniales; car, dans ce cas, l'ascendant ou la personne garante serait tenu de payer à la femme tout ce qu'elle aurait manqué de recouvrer par suite de l'insolvabilité de son mari. Au lieu que dans le cas de stipulation de la clause portant que les parents de l'un des époux s'obligent à payer les dettes de leur enfant antérieures au mariage, comme ils lui font par là une donation, ils doivent faire à la communauté, quel que soit d'ailleurs son état à la dissolution, raison du montant de celles de ces mêmes dettes qu'elle aurait acquittées ou qui resteraient à acquitter, bien loin qu'ils aient une action en recours contre leur enfant après avoir payé ces dettes.

En sorte que si ce sont celles du mari, il a action contre eux pendant le mariage; et la femme, après la dissolution de la communauté, dans le cas où elle l'a acceptée, a action contre eux pour la moitié desdites dettes. Si ce sont celles de la femme, le mari a action contre ceux qui ont promis de les payer, savoir, pour le tout, durant le mariage et même après la dissolution de la communauté, si la femme y renonce; et pour la moitié, si elle l'accepte.

Mais comme cette promesse n'est point une déclaration de franc et quitte, il s'ensuit que l'époux qui était grevé de dettes n'est assujéti à aucune indemnité à ce sujet envers son conjoint, quand bien même ces dettes auraient été acquittées avec les deniers communs; car ces dettes étaient tombées à la charge de la communauté: la promesse n'emportait point, pas plus sous le Code que dans les anciens principes, exclusion de ces mêmes dettes de la communauté. Au lieu que la clause de franc et quitte emporte aujourd'hui cette exclusion par rapport à l'époux déclaré franc et quitte, comme elle emporte obligation pour l'ascendant qui s'est rendu garant à ce sujet[1].

La clause par laquelle les parents de la femme la déclarent franche et quitte peut avoir lieu quoique le contrat de mariage porté exclusion de la communauté. Cela est fondé sur ce que le mari ayant le droit de percevoir, pendant tout le temps du mariage, les revenus des biens qui lui sont apportés en dot par sa femme, pour en acquitter les charges, il a intérêt à ce qu'il ne se trouve aucune dette de la femme antérieure au mariage, qui diminue ces revenus.

[1] M. Duranton, n°s 119, 120, 121, 122. Pothier, n°s 372, 377.

Par les mêmes motifs, cette clause pourrait aussi être convenue, et avec les mêmes effets, sous le régime dotal proprement dit[1].

Les dettes du mari déclaré franc et quitte (et c'est ordinairement par rapport à lui que cette clause est stipulée), peuvent causer à la femme un préjudice sous plusieurs rapports.

Premièrement, en ce que la communauté qui a acquitté ces dettes, ou qui devra les acquitter, puisque nonobstant la clause elles sont tombées à sa charge, est évidemment moins bonne qu'elle ne l'eût été sans ces dettes: par conséquent, la part de la femme, si celle-ci acceptait la communauté, serait moins avantageuse.

Mais si la communauté, lors de sa dissolution, était tellement mauvaise que, en joignant à son actif une somme égale à celle du montant de ses dettes antérieures au mariage, la femme ne dût rien y avoir d'effectif, comme ces dettes dans ce cas, ne lui auraient réellement causé aucun préjudice, il est clair qu'elle n'aurait aucune indemnité à réclamer, ni du mari, ni de ceux qui l'ont déclaré franc et quitte.

Si donc elle croyait devoir renoncer à la communauté, elle ne serait pas admise à dire que les dettes du mari lui ont fait préjudice.

Et si elle avait cru devoir accepter, comme, aux termes de l'art. 1483, elle n'est pas tenue des dettes de la communauté au delà de son émolument, il est clair encore que les dettes du mari ne lui auraient non plus causé aucun préjudice; il faudrait, pour qu'elles lui en eussent causé, que la communauté sans ces mêmes dettes lui eût présenté quelque avantage : alors la clause de franc et quitte produirait ses effets dans la mesure du préjudice qu'elle a éprouvé. Autre chose est lorsque c'est la femme grevée de dettes lors du mariage qui a été déclarée franche et quitte. Quel que fût l'état de la communauté lors de sa dissolution, la clause produirait ses effets au profit du mari contre la femme et ses parents qui l'ont déclarée franche et quitte, dans la mesure de ce que la communauté aurait payé de ces mêmes dettes,

---

[1] Pothier, n° 378. M. Duranton, n° 135.

et pour ce que le mari pourrait avoir à craindre d'être forcé d'en payer. L'art. 1513 n'a pu entrer dans ces distinctions, il s'est borné à établir le principe et les effets généraux de la clause, mais elles résultent du système général de la communauté.

Le second préjudice que la femme peut éprouver de ce que le mari déclaré franc et quitte avait des dettes lors du mariage, est à raison de sa dot ou de son apport en communauté, dont elle aurait stipulé la reprise, ou des objets qu'elle avait réalisés propres, ou des avantages qu'il lui a faits, par le contrat de mariage, et de toutes autres conventions matrimoniales, lorsque le mari est mort insolvable et que les dettes qu'il avait avant le mariage empêchent la femme de recouvrer le montant de ces droits en tout ou en partie.

Enfin, l'existence de dettes du mari antérieures au mariage peut encore causer à la femme un préjudice à raison des indemnités qu'elle aurait à réclamer pour les obligations qu'elle a contractées dans l'intérêt du mari, ou pour l'aliénation de ses immeubles dont le remploi n'aurait pas été fait, ou à cause du dépérissement de ses biens par la faute du mari, soit parce que ces dettes du mari auraient été garanties par des hypothèques primant l'hypothèque légale de la femme sur les immeubles qui en sont affectés, soit parce qu'elles seraient purement chirographaires et que les créanciers prenant part dans les distributions mobilières, enlèveraient ainsi à la femme des sommes qu'elle aurait touchées à raison de ces mêmes indemnités[1].

Les titres constitutifs des dettes de l'époux déclaré franc et quitte, qui n'auraient pas une date certaine antérieure au mariage, ne pourraient être opposés à l'ascendant, ou à tout autre garant, parce qu'ils sont des tiers. Mais le conjoint ne pourrait pas moins réclamer à l'époux déclaré franc et quitte l'indemnité du préjudice que lui auraient causé ces mêmes dettes[2].

La garantie des dettes de l'époux qui a été déclaré franc et quitte

---

[1] M. Duranton, n°ˢ 123, 124, 128. Pothier, n°ˢ 366, 368, 369.

[2] Pothier, n° 367. M. Duranton, n° 130.

comprend celles dont il était débiteur envers ses parents qui l'ont déclaré franc et quitte, aussi bien que celles dont il était débiteur envers d'autres personnes[1]. Pothier et M. Duranton ne disent cela que de la femme; mais il est clair que cela est vrai aussi pour le mari.

Lebrun pensait que la garantie donnée par l'ascendant emportait virtuellement de sa part remise en faveur de l'époux qu'il avait garanti, des créances qu'il avait contre lui, et, par suite, l'extinction de ces créances. Il décidait, en conséquence, que si une mère, en mariant sa fille, l'avait déclarée franche et quitte de dettes, elle était censée lui avoir fait remise du douaire qui lui était dû par elle.

Pothier décidait, au contraire, avec raison, que si ce douaire consistait en une rente annuelle, la clause ne s'étendait qu'à la décharge des arrérages du douaire qui avaient couru jusqu'à la dissolution de la communauté, et non à ceux qui courraient depuis cette dissolution arrivée soit par la mort du mari, soit par une séparation. Les principes professés par Pothier devraient être suivis aujourd'hui pour quelque créance que ce fût. On doit même aller plus loin que lui, et décider que l'époux garanti reste personnellement débiteur envers son ascendant des arrérages ou des intérêts qui ont couru pendant le mariage; car la clause de franc et quitte en affranchissait la communauté et laissait par conséquent ces intérêts et ces arrérages à la charge personnelle de l'époux. Or, la raison qui veut que l'époux garanti doive encore le principal en totalité à celui qui l'a garanti, veut pareillement qu'il lui doive les arrérages et les intérêts qui ont couru pendant le mariage. Cela est fondé sur ce que la clause de garantie n'a d'effet qu'entre celui qui la stipule et le conjoint du garanti[2].

Aux termes de l'art. 1510, § 2, la garantie contre la personne qui a déclaré la femme franche et quitte, peut même être exercée par le mari durant la communauté, si la dette provient du chef de la femme, sauf,

---

[1] Pothier, n° 374. M. Duranton, n° 131.

[2] M. Duranton, n° 132.

en ce cas, le remboursement dû par la femme ou par ses héritiers aux garants, après la dissolution de la communauté.

Et l'art. 1513 en donnant terme à la femme jusqu'à la dissolution de la communauté, s'oppose implicitement à ce que les garants, après avoir indemnisé le mari, puissent, comme le pourraient en certains cas d'autres créanciers de la femme (1410 et 1413), poursuivre aussitôt le remboursement de ce qui leur est dû sur la nue propriété des biens personnels de la femme[1].

L'époux qui a été déclaré franc et quitte et dont la communauté a payé les dettes antérieures au mariage, doit indemnité à son conjoint à raison des *intérêts* des sommes déboursées pour le libérer (arg. des art. 1846 et 2001).

Et la prescription de cinq ans établie par l'art. 2277 ne pourrait être opposée à l'époux qui réclamerait l'indemnité, soit parce que la prescription ne court pas entre époux, soit surtout parce que cette prescription n'a lieu qu'entre le débiteur et le créancier, et non entre celui qui a payé le créancier à la décharge du débiteur et ce dernier. Il n'y a entre eux que l'action de mandat ou de *negotiorum gestorum ;* actions qui durent trente ans.

Ceux qui ont déclaré l'époux franc et quitte seraient tenus de la même obligation que lui envers le conjoint pour ces intérêts, et le recours qu'exercerait ce dernier, s'il y était forcé, aurait, contre les garants, la même étendue que celle qu'aurait eue son action directe contre l'époux en faveur duquel la garantie est intervenue[2].

[1] M. Duranton, n° 133.
[2] *Ibid.*, n° 136.

JUS ROMANUM.[1]

DE SOCIETATE OMNIUM BONORUM.

Vocabulum *societas* in jure variè accipitur : et quidem et generaliter et latè, pro quocunque consortio; ut societas herilis, paterna, societas vitæ, id est conjugalis, seu matrimonium.

Strictè denotat rerum communionem, et ita accipitur vel pro illâ quæ non per conventionem, sed re et casu constituitur; exempli gratiâ, si duobus res una eademque legata, vel duo heredes instituti sint, in hanc communionem partes non consentiunt, sed coincidunt. *Vel propriè* pro rerum communione, quæ per conventionem et verum consensum constituitur, ita ut sit effectus societatis (Inst. §§ 3 et 4, de oblig. quæ quasi ex cont. L. 31, D. pro socio. LL. 32 et 33, ibid.).

« Societas hereditaria, id est, communio quæ intercedit cum herede « defuncti socii, non est voluntaria, quia re, non consensu, consistit. « Voluntaria est quæ consensu contrahitur, tractatuque habito inter « socios. Et hanc *societatem* dicimus propriè, illam rerum communio- « nem. »(Cuj. observ., lib. X, cap. XXV).

Denique, ut in paucis dicam, societas est contractus, communio rerum, quasi-contractus.

---

[1] Quùm in nullo Juris romani titulo, nisi in lege 16, D. de alim. vel cibariis leg., specialiter de communione inter conjuges pactis nuptialibus coitâ agatur, institui de societate omnium bonorum disserere.

Societas (cum hâc significatione intellectâ) est contractus *consensualis*, de rebus, lucri in commune faciendi gratiâ, communicandis; estque *nominatus, juris gentium, et bonæ fidei* (L. 7, § 1, D. de pact. § 2, Inst. de J. N. G. et C. § 28, Inst. de act.). Dividitur hæc societas, ratione objecti, in universalem sive generalem, et particularem sive specialem. Universalis iterùm est vel in specie omnium bonorum, vel simpliciter bonorum (L. 3, § 1; L. 7, D. h. t.).

Si non in specie omnium bonorum societatis facta fuerit mentio, societas simpliciter bonorum coita fuisse videtur, hoc est, si quod lucrum ex emptione, venditione, locatione, conductione descendit (L. 7, et seq. D. pro socio).

Solo consensu contrahitur societas omnium bonorum, itaque neque scripturâ neque præsentiâ contrahentium omnimodò opus est, et consensus sive per epistolam, sive per nuntium rectè datur (L. 4, Princ. D. h. t., et Inst. lib., 3, tit. XXII, de cons. oblig.).

Contrahi potest illa societas, non solùm purè sed etiam sub conditione, vel ex tempore vel ad certum tempus: putà si ille consul fuerit, vel post sex menses, vel intrà decem annos. Voluntates enim legitimè contrahentium omnimodò conservandæ sunt (L. 1, prin. D. pro socio, L. 6, C. h. t.).

Etiam et contrahi potest vel in perpetuum, id est, dùm vivunt, qui terminus societatis durantis longissimus; societatis enim nulla in æternum coitio est; nec pacisci liceat, ut ad heredes transeat (L. 14, L. 70, L. 59, D. h. t.).

Valet etiam (illa societas) inter eos qui non sunt æquis facultatibus, cum plerùmque pauperior operâ suppleat, quantùm ei per comparationem patrimonii deest (L. 5, § 1, D. h. t.).

Qui admittitur socius ei tantùm socius est qui admisit. Cùm enim societas consensu contrahatur, socius mihi esse non potest, quem ego socium esse nolui. Si socius meus eum admisit, ei socius est (L. 19, D. h. t.).

Comprehendit societas omnium bonorum omnia sociorum bona,

13.

præsentia et futura, quocumque titulo, vel modo quæsita (L. 3, § 1 ; L. 52, § 17 ; L. 53, D. h. t.); etiamsi alter socius per se accipere non possit, verbi gratiâ, hereditates, legata, donationes. Spurius non accipere potest hereditatem patris, si tamen talem societatem cum herede patris contraxerit.

Comprehendit societas omnium bonorum thesaurum ab uno sociorum inventum, et quæ quis ex alieno delicto per actionem sibi competentem consequitur, sive ipsius, sive filii corpori nocitum sit (L. 52, § 16, D. h. t.).

Licet specialiter traditio bonorum (sociorum) non interveniat, tacita tamen creditur intervenire (L. 2, D. h. t.).

Non coguntur socii in medium conferre quæ ex prohibitis causis acquisierint, ut ex furto, vel ex alio maleficio : quia delictorum turpis atque fœda communio est (L. 52, §§ 16 et 17; L. 53, D. h. t.).

Planè, si in medium collata sint, commune erit lucrum (Ibid).

Quod ex maleficio contulerit socius, non aliter recipere debet, quam si damnatus sit (L. 54, ibid.).

Nullus ex sociis plus parte suâ potest alienare, quoniam autem omnia quæsita huic societati cedunt, et meritò et sumptus huic imputantur, quos honestas, æquitas et partim necessitas exigit. Ex hoc fluit, omne æs alienum quod manente societate contractum est, de communi solvendum esse ; licet posteàquam societas distracta est, solutum sit (L. 27 D. h. t.).

Si unus ex sociis ab hostibus captus, vulneratus, familia alenda ex communi. Item si unus ex sociis filiam elocaverit, et pro ea dotem numeraverit, commune id societatis est, non solius patris.

Quemadmodùm si pater filium in studiis aluit, atque eo nomine quid honesti erogavit; item pro funere filii, etiamsi alter socius nullos habeat liberos.

In hâc enim societate, propter incertos acquisitionis et erogationis eventus, inæqualitas non consideratur ; nec obstat inæqualitas, vel quod tales impensæ non respiciant societatem.

Quod in aleâ aut in adulterio perdiderit unus ex sociis, ex medio non est laturus. (L. 59, § 1, D. h. t.)

Si unus ex sociis maritus sit, et distrahatur societas manente matrimonio, dotem maritus præcipere debet. Quod si jam dissoluto matrimonio societas distrahatur, eâdem die recipienda est dos, quâ et solvi debet (L. 65, § 15, D. h. t.).

Filius reipublicæ debita, quæ post mortem patris contraxit, fratri suo pro parte hereditariâ reputare non potest, si non in omnibus socii essent. Licet hereditatem paternam communem haberent, et pater pro altero filio in patriâ magistratu functus fuisset. (L. 39, § 3, D. familiæ erciscundæ).

Socius socio culpæ nomine tenetur, id est, desidiæ, atque negligentiæ. Culpa autem non ad exactissimam diligentiam dirigenda est. Sufficit etenim talem diligentiam communibus rebus adhibere, qualem suis rebus adhibere solet. Quia qui parùm diligentem sibi socium adquirit, de se queri debet.(L. 72, D. pro socio).

Tamen aliter conveniri potest; et si convenerint socii ut unusquisque levissimam culpam resarciat, conventio servanda sit.

Manet societas quousque donec in eodem sensu perseverant socii. At cùm unus ex sociis renunciaverit societati, societas solvitur. Sed planè si in hoc renunciaverit societati, ut obviens aliquod lucrum solus habeat: veluti cùm ab aliquo heres esset relictus, in hoc renuntiaverit societati ut hereditatem solus lucrifaciat, cogetur hoc lucrum communicare. Si quid verò aliud lucrifecerit, quod non captaverit, ad ipsum solum pertinet. Mihi verò quidquid omninò post renuntiationem adquiritur, soli conceditur (Caïus, Inst., lib. 3, § 151).

Solvitur societas omnium bonorum ex personis, ex voluntate, ex actione, ex publicatione, ex cessione bonorum, tempore in quod contracta elapso.

Ex personis solvitur, morte sociorum vel unius ex sociis, vel quidem maximâ aut mediâ capitis deminutione. (L. 63, § 10, D. h. t.)

Morte societas dissolvitur, quia qui societatem contrahit, certam personam sibi eligit (Caïus Comm. 3, § 152).

Hoc casu societas dissolvitur, etsi consensu omnium coita sit plures verò supersint: nisi in coëundà societate aliter convenerit, nec heres socii succedit. Sed quod ex re communi posteà quæsitum est, item dolus et culpa in eo quod ex ante gesto pendet, tam ab herede, quam heredi præstandum est. (L. 68, D. h. t., § 11).

Heres socii quamvis socius non est, tamen ea, quæ per defunctum inchoata sunt, per heredem explicari debent: in quibus dolus ejus admitti potest (L. 40, D. h. t.).

Dicitur et capitis deminutione solvi societatem, quia civili ratione capitis deminutio morti similis esse dicitur. Sed et si adhuc consentiant in societatem (capitis deminutione sublatà) nova videtur incipere societas. (Çaïus, loc. cit., § 153).

Ex voluntate distrahitur societas, renunciatione sociorum, vel unius ex sociis.

Renuntiare societati etiam per alios possumus: et ideò dictum est, procuratorem quoque posse renuntiare societati (L. 65, § 6, D. h. t.).

Si absenti renunciata societas sit, quoad is scierit (absens), quod is adquisivit, qui renuntiaverit, in commune redigi; detrimentum autem solius ejus esse qui renuntiaverit; sed quod absens adquisivit ad solum eum pertinere, detrimentum ab eo factum commune esse. In societate autem coëundà, nihil attinet de renuntiatione cavere eundem, quia ipso jure societate intempestiva renuntiatio in æstimationem venit. (L. 17, § 1 et 2, h. t.).

Furiosi curator societatem furiosi dissolvere, si maluerit, licentiam habet. (L. 7, C. h. t.).

Si convenerit inter socios, ne intrà certum tempus communes res dividantur, non videtur convenire, *ne societate abeatur*.

Frustrà enim convenitur ne abeatur: nam etsi non convenerit, si tamen unus ex sociis intempestivè renuntiavit societati, alteri pro socio actionem competat: sed etsi convenit ne intrà tempus societate abeatur, et ante tempus renuntietur, potest rationem habere, et nec tenebitur pro socio, qui ideò renuntiavit, quia conditio quædam, quà societas erat coita, ei non præstatur. Aut quid, si ita injuriosus et damnosus sit, ut non expediat eum pati. (L. 14 § uni. h. t.)

Ex actione distrahitur societas omnium bonorum cùm aut stipulatione aut judicio mutata sit causa societatis (L. 65, D. princ. h. t.).

Ex publicatione illam societatem quoque distrahi diximus; quod videtur spectare ad universorum bonorum publicationem, si socii bona omnia publicentur. Nam cùm in ejus locum alius succedat, pro mortuo habetur (L. 65, § 11, D. h. t.). His verbis *alius succedat* intelligimus fiscum, qui bona damnatis ablata occupat et sibi vindicat (Vinnius, Comment. in inst.).

Si conventum fuerit ut quis ex sociis duas partes vel tres habeat, alius unam, valet conventio (L. 29, D. h. t.).

Si unus ex sociis ex die pecuniam debeat, et dividatur societas, non debet deducere socius quemadmodum præsens debet, sed omnes dividere, et cavere cùm dies venerit, defensu iri socium (L. 28, D. h. t.).

Oritur ex hoc contractu mutua obligatio; ex quâ descendit mutua actio, ex utrâque parte directa, quia principaliter et ab initio uterque obligatur; et simpliciter actio pro socio appellata, quæ nihil est aliud quam actio personalis, competens inter socios ad id, quod socii, ratione societatis, sibi invicem præstare tenentur. Est que civilis, bonæ fidei, rei persecutoria et interdùm generalis ac famosa, si scilicet dolus intervenerit (§ 2, Inst. de pœn. tem. litig. — § 17 et 28, Inst. de act. L. 28, princ. D. pro socio. § 2, Inst. de pœn. tem. lit. L. 1, D. de his qui not. inf.).

Competit itaque hæc actio sociis, illorumque heredibus adversùs socios, illorumque heredes (L. 35. L. 63, § 8, D. h. t.), ad omne id quod ipsi societatis nomine, sibi invicem sunt obligati, nimirùm, ut communicanda in medium conferant; simulque damnum quod dolo malo, vel culpâ in rebus communibus socii intulerint, ex utrâque parte præstent (L. 45, 50, 51, § 1er, 52, § 3).

Si damnum in re communi socius dedit, lege aquilià tenetur, et nihilominùs pro socio. (L. 47, D. h. t.). Societate distractâ, omnia dividuntur bona æquis partibus, si non partes expressæ fuerint in societate coëundâ; sin expressæ, eæ servandæ sint. An etiam actio pro socio, distractâ societate, ad bona communia, sociis competat? Minimè. Ad hoc enim comparata est actio communis dividundo (L. 1. D. comm. dividundo. (Heineccius recit. in Inst., § 651).

Si actum sit commune dividundo, non tollitur pro socio actio (L. 44, D. h. t.).

DROIT ADMINISTRATIF.

DE LA JURIDICTION DU CONSEIL D'ÉTAT COMME COUR DE CASSATION ADMINISTRATIVE.

CHAPITRE PREMIER.

GÉNÉRALITÉS.

C'est un principe de notre droit public, que toute justice émane du roi.

Mais le pouvoir royal exerce d'une manière complexe la prérogative de rendre la justice.

Il l'exerce, ou par délégation, c'est-à-dire par des fonctionnaires indépendants de lui, soit par l'inamovibilité, soit en ce qu'il n'a pas droit de contrôle sur leurs décisions, et n'en peut empêcher l'exécution; ou comme l'ayant retenue, c'est-à-dire par des fonctionnaires de l'ordre administratif, dépendant de lui par l'amovibilité, ou dont il peut rendre sans effet les décisions, en leur refusant sa sanction.

De là la division de la justice en justice déléguée et en justice retenue.

A la première appartient l'ordre judiciaire proprement dit. Il comprend les juges de paix, les tribunaux de première instance et ceux de commerce, les Cours royales, les juridictions criminelles et la Cour de cassation. A cette nomenclature, il faut ajouter la Cour des comptes, dont les membres sont inamovibles, et dont les décisions ont toute l'autorité et tous les effets des jugements.

A la seconde appartiennent certains fonctionnaires et certains corps de l'ordre administratif, comme les ministres, les préfets, les conseils de préfecture, quelques commissions.

A la tête de l'ordre judiciaire proprement dit, se trouve la Cour de cassation, chargée de ramener sans cesse les tribunaux inférieurs de cet ordre à la saine application des lois, de créer et de maintenir l'uniformité de la jurisprudence.

A la tête de l'ordre judiciaire administratif, se trouve le conseil d'État, chargé de ramener aussi les fonctionnaires de cet ordre, lorsqu'ils font des actes ayant le caractère de décisions, à l'observation des lois, soit qu'elles aient rapport à l'intérêt privé ou à l'intérêt de l'État, soit qu'elles concernent les règles relatives à la séparation des fonctions, des pouvoirs.

Mais les attributions du conseil d'État dans l'ordre judiciaire administratif diffèrent de celles qui sont dévolues à la Cour de cassation dans l'ordre judiciaire proprement dit, en ce que la Cour de cassation ne juge jamais comme tribunal d'appel connaissant du fond des affaires, tandis que le conseil d'État exerce aussi des fonctions de juge d'appel, et statue même quelquefois comme juge de premier et de dernier ressort. Toutefois, il y a encore entre la Cour de cassation et lui ce point de ressemblance, que quand il statue comme Cour de cassation administrative, il ne peut, pas plus que la Cour de cassation, s'occuper du fond des affaires qui lui sont dévolues.

Je n'ai à le considérer que comme Cour de cassation administrative.

Or à ce titre il n'a à connaître que des recours formés contre les actes administratifs attaqués pour incompétence, pour excès de pouvoir ou pour violation des formes, ou contre les arrêts de la Cour des comptes attaqués pour vices de forme, pour violation de la loi, pour incompétence ou pour excès de pouvoir.

La loi du 27 ventôse an VIII (art. 76) attribue à la Cour de cassation le droit de donner des juges aux plaideurs dans l'ordre judiciaire, dans certains cas déterminés, c'est-à-dire lorsqu'il y a conflit de juridiction.

Le conseil d'État a des fonctions analogues dans l'ordre judiciaire administratif : ce n'est point toutefois comme Cour de cassation administrative proprement dite qu'il statue en ce cas, *mais comme Cour du souverain, ou comme Cour de haute justice administrative*[1].

« Le roi, lorsqu'il rend l'ordonnance, ne fait pas, comme la Cour « de cassation, un simple acte de juridiction, mais il agit comme ad-« ministrateur suprême, élevé non-seulement au-dessus des corps ju-« diciaires, mais de tous les pouvoirs publics, dont il règle les mouve-« ments, et qu'il ramène dans les limites qui leur sont recpectivement « fixées par la loi[2]. »

Je n'ai pas non plus à examiner si l'organisation actuelle du conseil d'État offre aux citoyens toutes les garanties d'indépendance, de bonne justice qu'on doit attendre d'un corps exerçant des fonctions de cette nature.

Qu'il me suffise de dire, tout en reconnaissant que les membres actifs de ce corps sont généralement des hommes éminents par leurs lumières, et que la simplicité des formes et l'économie des frais devant cette juridiction la rend facile à aborder, que je suis du nombre de ceux qui appellent de leurs vœux une nouvelle organisation de cette institution.

Ainsi que je l'ai dit plus haut, le conseil d'État connaît, comme Cour

---

[1] M. Cormenin, *Questions de droit administratif*, tit. II, chap. 4, n° 8. M. Foucard, *Éléments publics de droit administratif*, t. II, chap. 4, p. 595.

[2] Ordonnance rapportée, mais sans indication de date, par M. Fleurjgeon, *Code administratif*, t. I, addit., p. 70.

Je crois donc pouvoir me dispenser de m'occuper dans cette dissertation des conflits d'attributions, qui formeraient d'ailleurs à eux seuls la matière d'une longue thèse.

14.

de cassation administrative, des recours exercés contre les actes ou jugements des autorités administratives, pour violation des formes, pour excès de pouvoir ou pour incompétence ; et des recours exercés contre les arrêts de la Cour des comptes pour vices de formes, pour violation de la loi, pour incompétence ou pour excès de pouvoir. Je vais faire de l'examen de ces divers cas de recours, l'objet de trois paragraphes. Dans le premier, je traiterai des recours exercés pour violation des formes dans les décisions des fonctionnaires ou des corps de l'ordre administratif; dans le second, des recours formés pour excès de pouvoir ou pour incompétence de ces fonctionnaires ou de ces corps; dans le troisième, des recours exercés contre les arrêts de la Cour des comptes pour vices de formes, pour violation de la loi, pour incompétence ou pour excès de pouvoir. J'indiquerai dans un quatrième paragraphe les formes des recours et leurs effets.

CHAPITRE II.

§ 1.

Des recours contre les actes des fonctionnaires ou juges de l'ordre administratif, pour violation des formes.

Les fonctionnaires ou les corps qui peuvent rendre des décisions ayant un caractère contentieux dans l'ordre administratif, sont : les ministres, les préfets, les conseils de préfecture, les conseils de révision pour le recrutement de l'armée, les jurys de révision de la garde nationale, certaines commissions de liquidation, celle de répartition de l'indemnité accordée aux colons de Saint-Domingue, par exemple.

Quant aux ministres, ils exercent une juridiction de première instance sur une foule de matières contentieuses. Il serait difficile de les énumérer d'une manière complète.

Mais aucune loi ni aucun règlement n'ont déterminé, jusqu'à présent, le mode de procéder devant les ministres. L'instruction des affaires s'y fait sur simples mémoires des parties, et sur production des pièces, sans constitution d'avocat, ni aucune autre formalité; et nulle forme spéciale n'a été assignée à leurs décisions.

On conçoit dès lors qu'il n'est guère possible d'indiquer des cas où la décision d'un ministre puisse être attaquée pour vices de formes.

Cependant, je pense que si l'on démontrait au conseil d'État que le ministre a statué sans avoir entendu ou au moins provoqué les observations des intéressés, sa décision devrait être annulée pour violation du droit de la défense : car cette décision ne serait qu'un simulacre de jugement.

Les préfets statuent tantôt seuls, tantôt en conseil de préfecture. Aucune loi n'a réglé non plus la forme suivant laquelle ils doivent instruire et juger les affaires qui leur sont soumises.

Dans les divers cas où ils statuent de l'une ou de l'autre manière, c'est-à-dire seuls ou en conseil de préfecture, et énumérés par M. Cormenin, dans son *Cours de Droit administratif*, tit. II, chap 1er, act. 6, je ne vois guère de vices de forme possibles non plus que ceux résultant de ce que le préfet aurait pris une décision sans avoir reçu ou au moins provoqué les observations des intéressés, et violé par là le droit de la défense, et celui résultant de ce qu'il aurait statué seul sur une matière où il ne pouvait statuer qu'en conseil de préfecture; encore ce dernier défaut constituerait-il plutôt un excès de pouvoir qu'un vice de forme proprement dit[1].

Les conseils de préfecture statuent comme juges de premier ressort, lorsqu'à l'occasion d'un acte administratif, il s'élève, soit entre deux particuliers, soit entre deux établissements publics, soit entre un particulier et l'administration un débat qu'il s'agit de vider. Diverses lois

---

[1] Une circulaire du ministre de l'intérieur du 29 septembre 1835 a donné aux préfets des instructions sur le mode de délibération des arrêtés des préfets en ce cas.

ont déterminé l'étendue de la juridiction des conseils de préfecture et la nature des affaires qui en ressortissent; mais aucune loi ni aucun règlement n'a déterminé le mode de procéder devant eux. Ils n'ont ni prétoire, ni ministère public, ni greffe, ni avoués, ni huissiers. L'instruction des affaires se fait, devant eux, sans plaidoirie ni publicité, par écrit et sur simples mémoires, communiqués par voie administrative, soit aux directeurs locaux des différentes parties du service public, pour avoir leur avis, soit aux parties adverses, pour avoir leurs défenses. Ils peuvent, par des arrêtés préparatoires, et selon les matières, ordonner, pour s'éclairer, des apports de pièces, des levées de plans, des expertises, etc. (M. Cormenin, tit. II, chap. 3).

Les décisions qu'ils rendent portent le nom d'*arrêtés*. Et comme ces décisions ont la forme des jugements, il suit qu'ils peuvent être annulés pour certains vices de forme, par exemple, s'ils ont été délibérés par deux conseillers seulement; ou si parmi ceux qui les ont signés, il s'en trouve un qui exerce une profession incompatible; ou si les arrêtés n'ont été ni portés sur le registre des délibérations, ni signés; ou s'ils ne sont pas motivés; ou si, en matière pénale, ils n'énoncent pas les termes de la loi appliquée; ou si, au lieu de rendre un jugement, les conseillers de préfecture se bornaient à donner un avis[1].

Les lois sur le recrutement de l'armée ont institué des conseils de révision pour revoir les opérations du recrutement et juger les réclamations auxquelles ces opérations auraient pu donner lieu et les causes d'exemption (Loi du 10 mars 1818, art. 13, 15, 17; Loi du 21 mars 1832, art. 15, 16, 17, 18, 25, 28).

Aux termes de l'art. 25 de cette dernière loi, les décisions des conseils de révision sont définitives. Mais je pense qu'elles pourraient être attaquées devant le conseil d'État pour vices de forme si la composition de ces conseils avait été irrégulière, si leurs séances n'avaient été publiques, si les intéressés n'avaient été entendus, et si les décisions des

---

[1] Cormenin, tit. II, chap. 3, art. 1 et 2.

conseils n'étaient motivées quant à ceux qui auraient présenté des moyens d'exemption (art. 15 et 16 de la loi de 1832).

Les décisions des jurys de révision institués pour la garde nationale par la loi du 22 mars 1831 pourraient être attaquées devant le conseil d'État pour le même motif. Je crois que l'art. 26 de cette loi, qui dispose que les décisions de ces jurys ne sont susceptibles d'aucun recours, ne doit être entendu qu'en ce sens que ces décisions ne sont susceptibles d'aucun recours *au fond*, et que si elles manquaient des conditions essentielles à toute décision, le recours au conseil d'État serait ouvert aux intéressés pour les faire annuler.

Les décisions de certaines commissions de liquidation instituées par diverses lois ou ordonnances, pourraient être aussi attaquées devant le le conseil d'État, soit à raison de la composition irrégulière de ces commissions, soit à raison de la violation du droit de la défense.

§ 2.

Des recours contre les actes des fonctionnaires ou juges de l'ordre administratif, pour incompétence ou excès de pouvoir.

L'incompétence est le défaut de pouvoir dans celui à qui une contestation est soumise, pour connaître de cette contestation. Elle constitue bien un excès de pouvoir dans le sens étendu du mot, lorsque, nonobstant le texte de la loi ou le déclinatoire des parties, le juge croit pouvoir statuer; mais on est convenu de donner aux termes *excès de pouvoir* une signification différente.

L'excès de pouvoir est de la part d'un juge ou d'un tribunal, l'acte par lequel il sort du cercle de ses attributions et fait ce que la loi lui défend ou ne lui permet pas[1].

Le conseil d'État a mission d'annuler les décisions des fonctionnai-

[1] Merlin, *Répertoire*, v° Excès de pouvoir.

res et des corps administratifs, qui sont entachées du vice d'incompétence ou d'excès de pouvoir.

Ces décisions peuvent émaner des fonctionnaires et des corps que j'ai énumérés dans le paragraphe précédent.

Comme il est de principe que les attributions des ministres n'embrassent pas toutes les matières administratives, qu'ils ne sont que des juges d'exception, relativement, soit aux tribunaux, soit aux corps administratifs, et qu'ils doivent respecter les droits acquis, ils ne peuvent :

1° Statuer sur des questions de propriété, d'État ou de titres qui sont du ressort des tribunaux ordinaires;

2° Prendre des décisions qui tendraient à remettre en question ce qui a été irrévocablement jugé par les autorités judiciaires et administratives;

3° Donner des explications, interprétations ou déclarations qui seraient réservées soit aux conseils de préfecture, soit au conseil d'État;

4° Annuler les jugements des tribunaux ni des juges de paix, soit définitifs, soit par défaut, ni les arrêtés des anciens directoires du département, ou des administrations centrales, rendus en matière contentieuse, ni les arrêtés des conseils de préfecture, soit au fond, soit pour incompétence, ou même pour vices de forme, sauf à les déférer au conseil d'État dans l'intérêt des droits de l'administration; ni les arrêtés du directoire et des consuls, ni les décrets impériaux, ni les ordonnances royales, ni les ordonnances des anciens intendants de provinces, ni les arrêtés du conseil-général de liquidation, ni ceux des commissions spéciales chargées de prononcer sur quelque objet en dernier ressort, ni ceux émanés de toute autorité dont un acte souverain, un décret ou une ordonnance, a soumis le recours, s'il y avait lieu, au conseil d'État;

5° Qu'ils ne peuvent élever eux-mêmes le conflit d'attributions;

6° Qu'ils ne peuvent suspendre, empêcher ni modifier l'exécution des dispositions des arrêtés des conseils de préfecture, ou des ordonnances royales rendues en matière contentieuse [1].

Si les ministres faisaient un de ces actes, la décision qu'ils auraient prise pourrait être déférée au conseil d'État et serait annulée par lui, soit pour incompétence, soit pour excès de pouvoir, suivant qu'il y aurait eu ou incompétence ou excès de pouvoir.

Les préfets ne sont que des administrateurs subordonnés; ils n'ont d'action ni de pouvoir que dans la circonscription de leur arrondissement, et ils n'ont ni pouvoir de réformation, ni haute juridiction administrative, ni juridiction civile.

De ces principes il suit, qu'ils commettraient un excès de pouvoir ou qu'ils statueraient incompétemment et exposeraient leurs actes à l'annulation par le conseil d'État:

S'ils refusaient ou modifiaient l'exécution des ordonnances royales, ou des décisions des ministres;

S'ils prenaient des décisions contraires à celles des ministres, tant que ces dernières ne sont pas réformées par l'autorité supérieure;

S'ils dressaient, interprétaient, restreignaient ou étendaient des règlements d'administration publique;

S'ils statuaient sur des prétentions rejetées par l'administration supérieure;

S'ils changeaient le mode de jouissance des biens communaux;

S'ils interdisaient ou permettaient définitivement l'établissement des usines;

S'ils réformaient directement ou indirectement les arrêtés des préfets des autres départements;

S'ils rapportaient les arrêtés des anciens directoires de département ou ceux des administrations centrales, à moins qu'ils n'aient été rendus dans des matières purement administratives et de police générale, ou ceux des conseils de préfecture, pris en matière contentieuse;

---

[1] M. Cormenin, tit. II, chap. 2, art. 8.

S'ils jugeaient dans le dispositif de leurs arrêtés, ou préjugeaient par leurs considérants, les questions contentieuses administratives;

S'ils entravaient l'exécution des arrêtés des conseils de préfecture;

S'ils modifiaient l'application des arrêtés du conseil d'État;

S'ils autorisaient les communes à plaider;

S'ils suspendaient l'action des tribunaux autrement que par la voie de conflit;

S'ils élevaient le conflit négatif;

S'ils réglaient eux-mêmes le conflit positif qu'ils élèvent;

S'il réformaient directement ou indirectement les jugements des tribunaux, quels qu'ils soient, même ceux par défaut d'un juge de paix.

S'ils ordonnaient l'exécution, même provisoire, des arrêtés des conseils de préfecture incompétemment rendus[1].

Les conseils de préfecture n'ont des attributions judiciaires que d'une nature exceptionnelle, qui ne s'étendent pas sur toutes les matières contentieuses de l'administration, dont quelques-unes sont, en première instance, du ressort des préfets, et dont quelques autres sont, en première instance également, du ressort des ministres.

Il suit de là que les conseils de préfecture ne pourraient ni prononcer sur les marchés passés par les ministres ou par leurs agents, ni statuer sur des marchés passés entre une régie et des particuliers, ou en matière de déchéance, ou de décompte de biens nationaux, ni élever des conflits, ni prononcer, par voie de jugement, même sous la présidence du préfet, dans les matières spéciales où le préfet seul est juge, et où le conseil de préfecture ne doit l'assister que de son avis, ni conférer à des particuliers des droits qu'il ne peuvent tenir que de l'administration.

Ils excéderaient leur compétence, s'ils prononçaient sur des questions de propriété même nationale, autrement que par la simple application des actes qui ont préparé ou consommé la vente;

---

[1] Cormenin, *Questions de droit administratif*, tit. II, chap. 1, art. 3 et 4.

Ou s'ils statuaient sur les questions incidentes, non administratives qui s'élèvent devant eux; telles qu'une question de compensation entre particuliers, ou d'inscriptions de faux;

Ou si, en réprimant une anticipation commise sur un chemin vicinal, ils jugeaient une question de propriété.

Ou s'ils ordonnaient et réglaient des restitutions de fruits et autres jouissances, lors même qu'ils auraient statué valablement sur le fond.

Ils excéderaient leurs pouvoirs s'ils évoquaient ou retenaient d'office, ou sur la réquisition des parties, ou malgré leur déclinatoire, toutes sortes de questions d'État, de titres privés, de servitudes, de possession immémoriale, etc.

S'ils prononçaient directement ou indirectement la réforme ou modification des sentences arbitrales, des jugements ou arrêts des tribunaux, des arrêtés des préfets, des intendants des provinces et généralités; des anciens arrêts du conseil, des arrêtés du directoire et des consuls; des décrets impériaux, des décisions du conseil d'État, des arrêtés des anciens directoires de département et administrations centrales, de leurs propres arrêtés contradictoirement rendus, s'il n'y a tierce opposition; des décisions ministérielles.

Ils excéderaient encore leurs pouvoirs si, au lieu de se borner à autoriser les communes à plaider, ils jugeaient le fond du droit, s'ils disposaient d'un bien domanial par voie d'abandon, de transaction ou d'acquiescement; s'ils statuaient par voie réglementaire ou générale, ou sur une demande dont ils ne sont pas saisis, ou au delà de la demande; ou s'ils rétractaient ou réformaient leurs arrêtés contradictoires sous prétexte d'interprétation, ou même pour erreur reconnue, contravention à la loi, ou vice de formes; s'ils statuaient sur l'exécution de leurs arrêtés.

Dans tous ces cas le recours au conseil d'État est ouvert pour cause d'excès de pouvoir ou d'incompétence contre les actes des conseils de préfecture.

Les décisions des conseils de révision pour le recrutement de l'armée, et celles de jurys de révision de la garde nationale pourraient être aussi attaquées pour excès de pouvoir.

Les conseils de révision n'ont pas qualité pour statuer sur les questions relatives à l'état ou aux droits civils des individus désignés par le sort pour faire partie du contingent de l'armée. S'ils statuaient sur de pareilles questions, ils commettraient un excès de pouvoir, et leurs décisions seraient susceptibles d'être annulées par le conseil d'État.

Les art. 25 et 54 de la loi sur la garde nationale déterminent l'étendue des pouvoirs des jurys de révision qui y sont attachés. Ces jurys ne pourraient dépasser les limites des attributions qui leur sont conférées par ces dispositions spéciales de loi, sans exposer leurs décisions à l'annulation par le conseil d'État.

Les fonctions de certaines commissions ont aussi été spécialement déterminées par les lois ou par les ordonnances qui les ont instituées. Les décisions que ces commissions rendraient en dehors des pouvoirs qui leur sont spécialement conférés seraient aussi sujettes à annulation par le conseil d'État pour excès de pouvoir ou pour incompétence. Ainsi, une commission de liquidation n'aurait pas pouvoir pour statuer sur des questions de propriété ou d'État soulevées incidemment par ceux qui réclament l'indemnité ou par des tiers qui y prétendraient des droits.

§ 3.

Recours contre les arrêts de la Cour des comptes pour violation des formes ou de la loi, pour excès de pouvoir ou pour incompétence.

La Cour des comptes est une autorité établie pour procurer l'accord des dépenses de l'État avec les recettes, pour donner à la fois effet et garantie à la responsabilité des ministres, et pour mettre dans toutes les comptabilités des deniers publics, l'ordre, la centralisation et l'uniformité.

Sa juridiction s'étend à toute la France ; elle embrasse tous les comptes des recettes et des dépenses publiques[1]. Elle doit son organisation à la loi du 16 septembre 1807, et succéda à la commission de comptabilité nationale établie par l'arrêté du 29 frimaire an IX.

Cette loi du 16 septembre 1807 détermine la nature, l'étendue, les limites des fonctions de ce corps et les voies de recours ouvertes contre ses décisions.

La cour des comptes statue tantôt en première instance , tantôt comme tribunal d'appel.

Mais soit qu'elle juge comme tribunal de premier et de dernier ressort, soit qu'elle statue comme tribunal d'appel, ses décisions sont susceptibles d'être annulées par le conseil d'État, si elle a violé les formes, la loi, excédé ses pouvoirs, ou jugé incompétemment[2].

La violation des formes peut être extrinsèque aux arrêts de la Cour des comptes ou leur être intrinsèque. Je ne vois guère de violation extrinsèque possible, que celle qui résulterait de ce que l'arrêt n'aurait point été précédé de l'examen d'un référendaire, prescrit par l'art. 19, et de la formation des deux cahiers d'observation prescrite par l'art. 20 de la loi du 16 septembre.

Quant à la violation des formes intrinsèques à l'arrêt, elle pourrait résulter :

1° De ce qu'il aurait été rendu par moins de cinq juges ;

2° De ce que la voix du référendaire aurait été comptée dans ce nombre ;

3° De ce que l'arrêt ne serait pas signé, soit du référendaire rapporteur, soit du président de la chambre qui a rendu l'arrêt, soit du premier président de la Cour (art. 4, 5 et 21 de la loi citée).

---

[1] Cormenin , tit. III, chap. 10 , art. 1er.

[2] Ce pouvoir attribué au conseil d'État, composé en entier de membres amovibles, d'annuler des décisions émanées d'un corps dont les membres inamovibles, n'est pas un des moindres arguments que l'on puisse faire valoir contre l'organisation actuelle du conseil d'État. Il faut en dire autant du pouvoir qu'a le conseil d'État d'annuler les jugements des tribunaux et même les arrêts des Cours royales en matière de conflit d'attributions.

Par violation de la loi, il faut entendre celle des lois qui déterminent les obligations et les droits des comptables. On comprend qu'il est impossible d'en donner une nomenclature dans un travail du genre de celui-ci.

Qu'il me suffise de dire que pour être sujet à cassation pour violation de la loi, l'arrêt rendu par la Cour des comptes devrait être en opposition avec un texte précis de loi. L'appréciation que contiendrait cet arrêt de circonstances de fait, pour motiver l'admission ou le rejet des dépenses ou des recettes des comptables, serait souveraine.

Quoique la loi ne le dise pas formellement, les arrêts de la Cour des comptes seraient susceptibles d'être attaqués pour incompétence ou pour excès de pouvoir.

Pour incompétence: 1°, si par exemple, elle statuait sur la qualité d'héritier bénéficiaire des comptables, et sur d'autres questions de Droit civil, ou sur les rapports que les comptables peuvent avoir avec les tiers.

2° Si elle jugeait, à l'occasion d'un compte, des crimes de faux ou de concussion.

Comme la Cour des comptes est juge, non du fait de l'administration, mais du fait du comptable, elle commettrait un excès de pouvoir:

1° En s'attribuant juridiction sans l'ordonnateur des dépenses dans un compte; en refusant, par exemple, d'allouer dans les comptes d'une administration, les remises accordées à des comptables, sans l'autorisation des ministres;

2° En statuant sur des contestations définitivement jugées par des décisions ministérielles, ou par des arrêtés du conseil général de liquidation, ou par des arrêtés souverains (décret du 13 avril 1809).

§ 4.

*De ceux auxquels la voie du recours au conseil d'État est ouverte, des
délais, des formes et des effets de ce recours.*

Les actes des fonctionnaires ou des corps que nous avons énumérés,
et qui ressortissent au conseil d'État, peuvent être déférés à cette juridiction, soit par les intéressés, particuliers, communes ou corporations, soit d'office par les ministres, chacun en ce qui le concerne,
quand il y a eu excès de pouvoir ou incompétence, lorsqu'ils n'usent
pas du droit de réformer les actes de leurs subordonnés, par exemple,
le ministre de l'intérieur à l'égard des préfets.

Les formes, les délais et les effets du recours sont différents, suivant les fonctionnaires ou les corps dont sont émanés les actes ou jugements que l'on veut déférer au conseil d'État comme Cour de cassation
administrative.

Du principe que les préfets n'ont point, à proprement parler, de juridiction, ni par conséquent de forme régulière de procéder, il suit
qu'il n'y a pas de délai pour attaquer leurs arrêtés, même pour excès
de pouvoir ou incompétence[1].

Du principe que les décisions prises par les ministres en matière
contentieuse, et dans les limites de leur compétence, ont le caractère,
la force et les effets des jugements, il suit qu'elles sont inattaquables
de la part des tiers, lorsqu'ils ont laissé expirer le délai du pourvoi
après due notification. Ce délai est de trois mois à partir de la notification, même administrative[2].

Le délai du recours ouvert contre les décisions des conseils de pré-

---

[1] Ordonnance du 28 juillet 1820. M. Cormenin, tit. II, chap. 1, art. 1er.

[2] *Ibid.*, tit. II, chap. 2, art. 9 et 17.

fecture, ou contre celles des conseils de révision de recrutement de l'armée ou des jurys de la garde nationale, ou des commissions dont les décisions ressortissent au conseil d'État, est aussi de trois mois.

Pour les arrêtés des conseils de préfecture, ce délai court seulement à partir de la signification régulière, lorsque les décisions sont contradictoires, et de la date de l'exécution, lorsqu'elles sont par défaut. Il en est de même des décisions des commissions de liquidation. Quant aux décisions des conseils de révision, ou des jurys de garde nationale, comme la loi n'en prescrit pas la notification, et qu'elles interviennent toujours sur la réclamation des intéressés, par conséquent en leur présence, le délai doit, ce me semble, courir du jour de la décision.

Les art. 1 et 2 du décret réglementaire du 22 juillet 1806 déterminent la forme du recours au conseil d'État.

C'est par voie de requête signée d'un avocat au conseil qu'il a lieu dans l'intérêt des particuliers, des communes ou des corporations. Mais cette forme n'est pas suivie par les ministres. Ils agissent par voie de dénonciation au conseil, des actes critiqués.

On ne pourrait se pourvoir contre un arrêté du conseil de préfecture rendu par défaut : il faut épuiser le premier degré.

Le recours au conseil d'État n'a point d'effet suspensif, s'il n'en est autrement ordonné (décret du 22 juillet 1806, art. 3).

Le conseil d'État, lorsqu'il est saisi d'un recours pour vices de forme, pour violation de la loi, pour excès de pouvoir, ou pour incompétence, ne peut pas s'occuper du fond après avoir annulé la décision attaquée.

www.ingramcontent.com/pod-product-compliance
Ingram Content Group UK Ltd.
Pitfield, Milton Keynes, MK11 3LW, UK
UKHW021737090726
13657UKWH00002B/758